Printed by BoD™in Norderstedt, Germany

AF286867

اردو تراجم قرآن

کا تقابلی مطالعہ

(مضامین)

پروفیسر مجید اللہ قادری

© Prof Majeedullah Quadri
Urdu Tarajim-e-Quran ka Taqabuli Mutaala'a
by: Prof Majeedullah Quadri
Edition: March '2024
Publisher :
Taemeer Publications LLC (Michigan, USA / Hyderabad, India)

ISBN 978-93-5872-181-2

9 789358 721812

©پروفیسر مجید اللہ قادری

کتاب	:	**اردو تراجم قرآن کا تقابلی مطالعہ**
مصنف	:	**پروفیسر مجید اللہ قادری**
پروف ریڈنگ / تدوین	:	اعجاز عبید
صنف	:	مذہب
ناشر	:	تعمیر پبلی کیشنز (حیدرآباد، انڈیا)
سالِ اشاعت	:	۲۰۲۴ء
صفحات	:	٦٦
سرورق ڈیزائن	:	تعمیر ویب ڈیزائن

فہرست

مقدمہ

قرآن مجید فرقان حمید دنیا میں واحد کتاب ہے جس کو مسلسل ۱۴۰۰ سال سے شائع کیا جارہا ہے اور کسی زمانے میں اس کی اشاعت کے وقت اس کے کلمات میں کوئی تبدیلی نہ کی جاسکی یہاں تک کہ زیر زبر پیش میں بھی کبھی مسلمانوں میں (معاذاللہ) تنازعہ نہ ہو سکا اور نہ ہو سکے گا کیونکہ جب سے یہ نازل ہوئی ہے اس کو عربی زبان میں حفظ کرنے کا سلسلہ جاری ہے اسی لئے اس میں کبھی بھی کسی قسم کی تبدیلی ناممکن ہے یہاں راقم صرف ایک حوالہ انسائیکلوپیڈیا سے دینا چاہے گا جس سے دنیا کے سامنے یہ بتایا جاسکے کہ مسلمان ایک ایسی کتاب کے پیروکار ہیں جس پر تمام مسلمان ۱۴۰۰ سال سے متفق ہیں اور تا قیامت متفق رہیں گے۔ اور یہ گواہی بھی ایک عیسائی مصنف کی ہے۔

Yet There is no doubt that the Koran of today is substantially same as it came from Prophet (Muhammad Sallallaho Aalaihe Wasallam) (The Webster Family Encyclopedia V.10 p. 237, 1984)

قرآن کریم کا نزول مکہ کی وادی سے شروع ہوا جہاں تمام مقامی لوگ عرب تھے اور عربی زبان بولتے تھے اور قرآن کریم کے نزول کا اختتام مدینہ پاک کی وادی میں ہوا جہاں انصار بھی عربی ہی بولتے تھے۔ اللہ پاک نے اپنے کلام کو عربی زبان میں اس لئے نازل کیا تاکہ پہلے پہل عمل کرنے والے اس کو اچھی طرح سمجھ کر عمل کر سکیں تاکہ وہ رہتی دنیا تک کے لئے ماڈل بن جائیں اور پھر عجمی لوگ عملی قرآن ان صحابہ کرام کے عمل سے سیکھ سکیں اور یوں یہ سلسلہ جاری رہے چنانچہ ارشاد باری تعالیٰ ہے:

اِنَّآ اَنزَلْنٰہُ قُرْءٰنًا عَرَبِيًّا لَّعَلَّكُمْ تَعْقِلُوْنَ (الیوسف:۱۰)

بے شک ہم نے اسے عربی قرآن اتارا کہ تم سمجھو۔

ابتداً اہلِ عرب بالخصوص اہلِ مکہ کو ان کی مادری زبان میں کلام اللہ سنایا جارہا ہے تاکہ سب سے پہلے وہ اہلِ زبان ہونے کے باعث اس پر ایمان لائیں اور اس کو آسانی سے سمجھ سکیں اس کے بعد یہی لوگ اپنی آنے والی نسلوں کو اس کے مفاہیم پہنچائیں تاکہ قرآن کریم کی آیاتِ کریمہ کی صحیح مراد کا ابلاغ ان تک ہو اور انہیں عربی زبان میں نازل شدہ وحی الٰہی کے معانی و مطالب واضح ہو سکیں۔ چنانچہ ارشاد باری تعالیٰ ہے:

وَكَذٰلِكَ اَوْحَيْنَآ اِلَيْكَ قُرْاٰنًا عَرَبِيًّا لِّتُنْذِرَ اُمَّ الْقُرٰى وَمَنْ حَوْلَهَا۔۔۔۔ (الشوریٰ:۷)

"اور یونہی ہم نے تمہاری طرف عربی قرآن بھیجا کہ تم ڈراؤ سب شہروں کی اصل (مکہ) والوں کو اور جتنے اس کے گرد ہیں۔۔۔۔۔"

نبی کریم صلی اللہ علیہ وسلم کی ذمہ داری صرف قرآن کریم کے متن (کلمات) کو پہنچانا نہیں تھی اگرچہ اول اول مخاطبین اہل عرب ہی تھے مگر اہل عرب عربی زبان جاننے کے باوجود اس کلام اللہ کی منشاء کو سمجھنے کی صلاحیت نہ رکھتے تھے اسی لئے نبی کے ذریعہ اللہ بندوں سے خطاب فرمارہا ہے چنانچہ قرآن کریم نے متعدد مقامات پر نبی کریم صلی اللہ علیہ وسلم کی بحیثیت نبی و رسول ذمہ داریوں کا ذکر فرمایا اور آپ صلی اللہ علیہ وسلم کو یہ ذمہ داری دی کہ وہ ان آیات کے معانی و مطالب جو حقیقتاً اللہ تعالیٰ کی منشاء کے مطابق ہیں، وہ لوگوں تک پہنچائیں چنانچہ اللہ تبارک و تعالیٰ ارشاد فرماتا ہے:

لَقَدْ مَنَّ اللّٰهُ عَلَى الْمُؤْمِنِيْنَ اِذْ بَعَثَ فِيْهِمْ رَسُوْلًا مِّنْ اَنْفُسِهِمْ يَتْلُوْا عَلَيْهِمْ اٰيٰتِهٖ وَيُزَكِّيْهِمْ وَيُعَلِّمُهُمُ الْكِتٰبَ وَالْحِكْمَةَ ج وَاِنْ كَانُوْا مِنْ قَبْلُ لَفِيْ ضَلٰلٍ مُّبِيْنٍ (اٰل عمران:۱۶۴)

"بے شک اللہ کا بڑا احسان ہوا مسلمانوں پر کہ ان میں انہیں میں سے ایک رسول

بھیجا جو ان پر اس کی آیتیں پڑھتا ہے اور انھیں پاک کرتا ہے اور انھیں کتاب و حکمت سکھاتا ہے اور وہ ضرور اس سے پہلے کھلی گمراہی میں تھے۔"

نبی کریم کی ظاہری حیات طیبہ میں ہی اسلام عرب سے نکل کر عجم تک پہنچ گیا تھا اور خود حضور صلی اللہ علیہ و سلم کے زمانے میں متعدد عجمی لوگ، ہند و ایران کے باشندے، دائرے اسلام میں داخل ہو چکے تھے اور پھر خلفائے راشدین کے ۳۰ سالہ دور میں انتہائی کثیر تعداد میں عجمی لوگوں نے اسلام قبول کیا۔ پہلی صدی ہجری کا دور صحابہ، تابعین اور تبع تابعین کا دور تھا جو قرآن کریم کے ساتھ ساتھ سنت نبوی پر عمل درآمد کا مکمل آئینہ تھا اس لئے قرآن فہمی عجمی لوگوں کے لئے زیادہ دشوار نہ تھی کیونکہ ان کے سامنے عملی نمونے موجود تھے۔ لیکن جیسے جیسے وقت گذرتا گیا اور عملی قرآن کے نمونے کم ہونا شروع ہو گئے تو عجم سمیت عرب لوگوں نے بھی آیات کی منشائے الٰہی کو سمجھنے کی خاطر قرآن کریم کی طرف (اصل نمونے کی خاطر) رجوع کرنا شروع کر دیا۔ عام عربوں کو عربی زبان کے باعث بہت زیادہ مشکلات نہ تھیں مگر عجمیوں کے لئے قرآن کریم کو عربی میں سمجھنا آسان نہ تھا اس لئے جلد ہی عجمی زبانوں میں ترجمہ قرآن کی شدید ضرورت محسوس کی گئی۔ ابتدائی دور میں ترجمہ قرآن کی سخت مخالفت بھی کی گئی مگر ضرورت کے پیش نظر قرآن پر ترجمہ کی پابندی زیادہ دیر قائم نہ رہ سکی اور سلسلہ تراجم دوسری صدی ہجری میں باقاعدہ شروع ہو گیا۔ یہ کام اس لئے بھی ضروری تھا کہ قرآن کا پیغام امر بالمعروف و نہی عن المنکر جب تک لوگوں کی مادری زبانوں میں نہیں پہنچایا جاتا اس وقت تک اس پر عمل درآمد میں مطلوبہ تیزی اور اثر پذیری کا حصول ناممکن تھا۔

تمام ائمہ کرام اس بات پر متفق رہے کہ ترجمہ قرآن کسی بھی زبان میں کیا جا سکتا ہے مگر ترجمۂ قرآن کے الفاظ دلیل قطعی نہ ہوں گے یعنی شرعی معاملات میں اس ترجمہ پر

انحصار نہیں کیا جائے گا بلکہ اصل متن ہی سے استنباط کیا جائے گا کیونکہ قرآن پاک کے ہر ہر لفظ میں جو معنوی گہرائی اور گیرائی ہے اس کو کسی بھی زبان کے ترجمہ میں نہیں ڈھالا جا سکتا جب عام کتاب کا ترجمہ اس پہلی زبان کی تمام مراد کو بعینہ نہیں ڈھال سکتا تو پھر قرآن تو کلام اللہ ہے اس کا ترجمہ آسانی سے کسی بھی زبان میں کیونکر اللہ اور اس کے رسول کی بعینہ مراد کے مطابق ڈھالا جا سکتا ہے۔ یہی وجہ ہے کہ ترجمہ قرآن کی بہت سخت اور بہت زیادہ شرائط ہیں۔ یہاں انتہائی اختصار سے ان دشواریوں کی نشاندہی کر رہا ہوں تاکہ اردو ترجمۂ قرآن کا مطالعہ کرتے وقت قاری اس بات سے آگاہ رہے کہ مترجم قرآن ترجمۂ قرآن کی اہلیت رکھتا ہے یا نہیں۔ اگر اہلیت رکھتا ہے تو اس ترجمۂ قرآن کو مطالعہ میں رکھنا چاہیئے اور اگر مترجمِ قرآن، ترجمہ قرآن کا اہل ہی نہیں تو اس ترجمہ کے مطالعے سے اس کو مکمل پرہیز کرنا چاہیئے اب ملاحظہ کریں چند بنیادی شرائط:

* * *

فن ترجمہ اور اس کے بنیادی اصول

قرآن مجید کے ترجمہ کی شرائط سے قبل فنِ ترجمہ کے چند بہت ہی اہم اور بنیادی اصول یہاں پیش کر رہا ہوں جو راقم نے مندرجہ ذیل اہل فن کی کتابوں سے اخذ کئے ہیں مثلاً شان الحق حقّی، پروفیسر رشید امجد، ڈاکٹر سہیل احمد خاں، مظفر علی سید، احمد فخری، ڈاکٹر سید عابد حسین، ڈاکٹر جمیل جالبی، صلاح الدین احمد صاحب، نیاز فتحپوری وغیرہ۔

۱۔ دونوں زبانوں اور ان کے ادب پر کامل دسترس۔

۲۔ ترجمہ نگار کا اس زبان سے جن میں ترجمہ کیا جارہا ہے جذباتی اور علمی واقفیت اور ہم آہنگی۔

۳۔ زبان کے ساتھ ساتھ جس موضوع پر کتاب لکھی گئی ہے مترجم کا اس علم اور فن پر بھی کامل دسترس ہونا۔

۴۔ دونوں زبانوں کے ساتھ ادبی مساوات اور ادبی رنگ برقرار رکھنا۔

۵۔ اہل کتاب کے مصنف کے لب ولہجہ کی کھنک کا باقی رکھنا جو کہ بہت ضروری ہے۔

۶۔ مترجم کی تحریر میں انشا پردازی بھی بنیادی ضرورت میں شامل ہے۔

یہاں تفصیل میں جائے بغیر احقر قارئین کرام کی توجہ ترجمہ کے حوالے سے شق نمبر ۳ کی طرف دلانا ضروری سمجھتا ہے کہ مترجم کتاب کو زبان کے ساتھ ساتھ اس علم و فن پر بھی مہارت رکھنا نہایت ضروری ہے جس فن کی کتاب کا ترجمہ کیا جارہا ہے مثلاً ایک انجینئر جو انگریزی زبان کا بھی ماہر ہے کیا ایک Advance Medical Science پر لکھی گئی کتاب کا اردو زبان میں ترجمہ کر سکے گا۔ حقیقت یہ ہے کہ دور حاضر میں کوئی

انجینئر بھی اس کام کے لئے تیار نہ ہو گا کیونکہ وہ جانتا ہے کہ وہ میڈیکل سائنس کی اصطلاحات سے بہت زیادہ واقف نہیں اس لئے وہ منع کر دے گا اور کہے گا کہ یہ کام کسی اچھے میڈیکل سائنس کے استاد سے کروایئے جو میڈیکل سائنس کی اصطلاحات کو اچھی طرح جانتا ہے۔ آپ کے ذہن میں یہ سوال اٹھ سکتا ہے کہ ایک انجینئر اس کام کو کیوں منع کر رہا ہے کیا وہ لغت کی مدد سے اس میڈیکل سائنس کی کتاب کا ترجمہ نہیں کر سکتا تو وہ انجینئر مخلصانہ جواب دے گا کہ بے شک لغت (Dictionary) کی مدد سے میں ترجمہ تو کر لوں گا مگر میرے لئے انتہائی مشکل ہو گا کہ جب ایک لفظ کے ایک سے زیادہ معنی لغت میں مل رہے ہوں گے تو میں کون سالفظ ترجمہ کے لئے استعمال کروں کیونکہ اس لفظ کا صحیح چناؤ وہی کر سکے گا جو اس فن پر مکمل دسترس رکھتا ہو گا۔

قارئین کرام! اب آپ خود ہی سوچیں کہ ترجمہ کتنا مشکل کام ہے اور جب یہ مشکلات ایک عام فن کی کتاب میں اتنی زیادہ ہیں تو قرآن تو جمیع علوم کا خزانہ ہے اس کے لئے تو وہ تمام علوم و فنون کا جاننا ضروری ہو گا جو اس کتاب میں بیان کئے گئے ہیں جن کی تعداد اللہ ہی بہتر جانتا ہے۔

ترجمہ قرآن اور تفسیر قرآن کے سلسلے میں علماء نے شرائط قائم کی ہیں کہ جب کوئی ان شرائط کو پورا کر سکے تب ہی وہ ترجمہ یا تفسیر قرآن کسی بھی زبان میں کرنے کے لئے سوچے اور پھر قلم اٹھائے۔

٭ ٭ ٭

تفسیر و ترجمہ قرآن کے لئے شرائط

امام جلال الدین سیوطی علیہ الرحمۃ (م۹۱۱ھ / ۱۵۰۵ء) مفسر قرآن کے لئے مندرجہ ذیل شرائط ضروری قرار دیتے ہوئے رقمطراز ہیں کہ مفسر قرآن کم از کم درج ذیل علوم پر ضروری دسترس رکھتا ہو:

"علم اللغۃ، علم نحو، علم صرف، علم اشتقاق، علم معانی، علم بیان، علم بدیع، علم قرأت، علم اصول دین، علم اصول فقہ، علم اسباب نزول، علم قصص القرآن، علم الحدیث، علم ناسخ و منسوخ، علم محاورات عرب، علم التاریخ اور علم اللدنی"

(الاتقان فی علوم القرآن جلد ۲ ص:۱۸۰ سہیل اکیڈمی ۱۹۸۰ء)

مندرجہ بالا شرائط کے ساتھ ساتھ مفسر کو بہت زیادہ وسیع النظر، صاحب بصیرت ہونا چاہیے کیونکہ ذراسی کوتاہی تفسیر کو تفسیر بالرائے بنادے گی جس کا ٹھکانہ پھر جہنم ہے کیونکہ آپ صلی اللہ علیہ وسلم کا ارشاد ہے۔

(ومن قال فی القران برایۂ فلیتبوأ مقعدہ من النار) جامع ترمذی جلد ۲ حدیث ۸۶۱)

اور جو قرآن کی تفسیر اپنی رائے سے کرے اسے چاہیے کہ اپنا ٹھکانہ جہنم میں بنائے۔

قارئین حضرات! علامہ سیوطی کی قائم کردہ شرائط کی روشنی میں مترجم قرآن کی ذمہ داری مفسر قرآن سے بھی زیادہ سخت نظر آتی ہیں کیونکہ تفسیر میں مفسر ایک لفظ کی شرح میں ایک صفحہ بھی لکھ سکتا ہے مگر ترجمہ قرآن کرتے وقت عربی لفظ کا ترجمہ ایک ہی لفظ سے کرنا ہوتا ہے اس لئے مترجم قرآن کا کسی بھی زبان میں ترجمہ منشا الٰہی کے

مطابق یا منشائے الٰہی کے قریب قریب کرنا مشکل ترین کام ہے۔ البتہ تمام شرائط کے ساتھ ترجمہ قرآن اس وقت ممکن ہے کہ جب مترجم قرآن تمام عربی تفاسیر ، کتب احادیث، تاریخ، فقہ اور دیگر علوم وفنون پر دسترس کے ساتھ ساتھ عربی زبان وادب پر مکمل عبور رکھتا ہو اور وہ ایک عبقری شخصیت کا حامل ہو ساتھ ہی مترجم قرآن کتاب اللہ کو عربی زبان میں سمجھنے کی حد درجہ صلاحیت رکھتا ہو تب ہی ترجمہ قرآن منشائے الٰہی اور فرمان رسالت مآب صلی اللہ علیہ وسلم کے قریب تر ہو گا۔

قارئین کرام! آیئے چند معروف اردو تراجمِ قرآن کو اس نظر سے دیکھتے ہیں کہ کون کون سے تراجمِ قرآن وہ تمام شرائط پوری کرتے نظر آتے ہیں جو علامہ سیوطی اور دیگر اکابرین نے قائم کی ہیں۔ اگر ترجمۂ قرآن تمام ضروری شرائط کے ساتھ پایا گیا تو یقیناً وہ ترجمۂ قرآن عوام الناس کے مطالعہ کے لئے کار آمد ہو گا اور اگر ترجمۂ قرآن ان شرائط پر پورا نہیں اترتا تو وہ ترجمہ لوگوں کو نہ صرف دین سے دور کر دے گا بلکہ ہو سکتا ہے کہ وہ ایمان سے بھی ہاتھ دھو بیٹھیں اس لئے ان عبارتوں کو غور سے پڑھیں اور سمجھیں۔

* * *

مختصر تاریخ اردو ترجمہ قرآن

بارہویں صدی ہجری میں اردو زبان برصغیر پاک وہند میں نہ صرف ادبی زبان بن کر اُبھر رہی تھی بلکہ کثیر تصنیفات و تالیفات اور تراجم کے باعث ایک عام فہم زبان بھی بنتی جارہی تھی۔ اگرچہ دکن کی اسلامی ریاستوں میں عرصۂ دراز سے اردو زبان میں عقائد تصوف و اخلاقیات اور فقہی کتابوں کے تراجم ہو رہے تھے مگر اردو ترجمۂ قرآن کا آغاز ابھی نہ ہوا تھا۔ شاید اردو کی نشوونما کی ابتداء میں چونکہ ذخیرۂ الفاظ محدود تھا اس لئے ترجمۂ قرآن کی طرف علماء نے قدم نہ اٹھایا۔

دوسری طرف برصغیر سے عربی زبان کے بعد فارسی زبان بھی تیزی کے ساتھ رخصت ہونے لگی تو عوام تو عوام، خواص کے لئے بھی اب ترجمہ قرآن اردو زبان میں ضروری سمجھا جانے لگا چنانچہ حضرت شاہ ولی اللہ محدث دہلوی (م۱۱۷۶ھ) جو خود فارسی ترجمہ قرآن کے برصغیر میں اولین مترجم میں شمار ہوتے ہیں ان کے دو صاحبزادوں کو اردو زبان کے ترجمہ قرآن کے اولین مترجم ہونے کا شرف حاصل ہوا۔

شاہ محمد رفیع الدین دہلوی (م ۱۲۳۳ھ / ۱۸۱۷ء) نے اردو زبان کا پہلا مکمل لفظی ترجمہ قرآن ۱۲۰۰ھ میں مکمل کیا جب کہ آپ کے چھوٹے بھائی شاہ محمد عبد القادر دہلوی (م ۱۲۳۰ھ / ۱۸۱۴ء) نے اردو زبان کی تاریخ کا پہلا مکمل با محاورہ ترجمہ قرآن ۱۲۰۵ھ / ۱۷۹۰ء میں مکمل کیا۔

یہ دونوں تراجم قرآن تیرھویں صدی ہجری ہی میں شائع ہونا شروع ہو گئے جس

کے باعث ان کو اولیت کے ساتھ ساتھ پذیرائی بھی حاصل ہوئی اگرچہ تاریخ میں ان دونوں اردو تراجم قرآن سے قبل کے بھی تراجم پائے جاتے ہیں لیکن یا تو وہ مکمل ترجمہ قرآن نہیں تھے یا مخطوطہ ضائع ہو گئے اس لحاظ سے ان دونوں بھائیوں کو یہ اعزاز حاصل ہوا کہ ایک لفظی ترجمہ قرآن کا بانی ہے تو دوسرا بامحاورہ ترجمہ قرآن کا حامل۔

شاہ برادران کے بعد فورٹ ولیم کالج (قائم شدہ ۱۲۱۴ھ / ۱۸۰۰ء) نے پہلے انجیل کا اردو زبان میں ترجمہ کر کے شائع کیا اور پھر ۵ مولوی حضرات نے مل کر اردو میں ترجمہ قرآن (۱۲۱۹ھ / ۱۸۰۴ء) میں مکمل کیا۔ تیرھویں صدی ہجری میں ایک محتاط اندازے کے مطابق ۲۵ ترجمہ قرآن اردو زبان میں کئے گئے مگر کسی کو بھی شاہ برادران کی طرح پذیرائی حاصل نہ ہو سکی البتہ سر سید احمد خاں کی تفسیر اور ترجمہ ۱۵ پاروں تک شائع ہوا تھا اور علی گڑھ کے ہم خیال لوگوں کے درمیان اس کو پذیرائی بھی حاصل ہوئی۔

مگر سر سید احمد خاں کے ترجمہ قرآن سے جدید ترجمہ قرآن کا دور شروع ہوتا ہے جس میں عام روایت سے ہٹ کر ترجمہ اور تفسیر کی گئی۔ اس جدید رجحان کو علی گڑھ سے فارغ التحصیل افراد نے سر سید کی فکر کو آگے بڑھانے میں بہت مدد دی۔ سر سید احمد خان کے ہم خیال لوگوں نے اپنی دانست میں ترجمہ قرآن کو ایک عام کتاب سمجھ کر ترجمہ کرنا شروع کر دیا جس کے باعث ایک بڑی تعداد مترجمین کی سامنے آئی جن میں سے چند اردو مترجمین قرآن کے نام معروف ہیں مثلاً نذیر احمد دہلوی، مولوی عاشق الٰہی میرٹھی، مولوی فتح محمد جالندھری، مرزا وحید الزماں، مولوی عبد اللہ چکڑالوی، ابو الکلام آزاد، چودھری غلام احمد، عبد الماجد دریا آبادی۔

سر سید احمد خان کے رفقاء کار کے علاوہ ایک بڑی تعداد مترجمین قرآن کی دارالعلوم دیوبند (قائم شدہ ۱۲۸۳ھ) کے مترجمین کی بھی چودھویں صدی ہجری میں سامنے آتی ہے جن میں مندرجہ ذیل مترجمین کے نام قابل ذکر ہیں : مولوی فیروز الدین روحی، مولوی محمد میمن جوناگڑھی، مرزا حیرت دہلوی، مولوی عبدالحق، مولوی محمد نعیم دہلوی، مولوی اشرف علی تھانوی، مولوی محمد الحسن دیوبندی وغیرہ۔

٭ ٭ ٭

چند معروف اردو مترجمین قرآن کا مختصر علمی تعارف

یہاں ان چند اردو مترجمین قرآن کا تعارف کروانا ضروری سمجھا جارہا ہے جن کے تراجم کا تقابلی مطالعہ آگے پیش کیا جائے گا۔ ان کے علمی تعارف کا بنیادی مقصد یہ ہے کہ قارئین حضرات جب کسی اردو ترجمہ قرآن کا مطالعہ کررہے ہوں تو وہ مترجم کے متعلق اتنا ضرور جانیں کہ آیا وہ ترجمہ قرآن کا اہل بھی تھا یا نہیں کیونکہ ترجمہ قرآن پڑھنے والا عربی زبان سے واقف کار نہیں ہوتا وہ تو جو اردو میں ترجمہ دیکھے گا، پڑھے گا اس کو وہ من جانب اللہ ہی سمجھے گا کہ یہ ہی اللہ کی منشا اور حکم ہے۔ یہ انسان کی عام فطرت بھی ہے کہ جو علم اس کو نہیں آتا اور پہلی مرتبہ اس کے متعلق سنے گا یا پڑھے گا وہ اس کو ہی حق جانے گا اس لئے راقم بہت ذمہ داری سے یہ بات لکھ رہا ہے کہ اردو زبان میں ترجمہ پڑھنے والے مطالعہ سے پہلے مترجم کے متعلق ضرور معلومات حاصل کریں۔ جس طرح آپ اپنے پیچیدہ مرض کے لئے کسی بھی ڈاکٹر کو دکھانے سے پہلے دو چار سے مشورہ کرکے اور اس ڈاکٹر کی صلاحیتوں کے متعلق معلومات حاصل کرکے اس کے پاس جاتے ہیں اسی طرح یہ بھی ضروری ہے کہ اللہ تعالیٰ کہ راستہ پر چلنے سے پہلے یہ ضروری معلومات حاصل کرلیں کے اللہ کی طرف راستہ دکھانے والا اس بات کا اہل بھی ہے اور کیا وہ ترجمہ قرآن کی تمام شرائط پوری کرتا ہے۔

یہاں جن معروف مترجمین قرآن کا تعارف پیش کیا جارہا ہے ان کے نام مندرجہ ذیل ہیں:

(۱) سرسید احمد خان علی گڑھی

(۲) مولوی عاشق الٰہی میرٹھی

(۳)مولوی فتح محمد جالندھری

(۴)ڈپٹی نذیر احمد دہلوی

(۵)مولوی محمود الحسن دیوبندی

(۶)مولوی مرزا وحید الزماں

(۷)مولوی اشرف علی تھانوی

(۸)امام احمد رضا محدث بریلوی

(۹)ابوالکلام آزاد

(۱۰)سید ابوالاعلی مودودی

۱۔ سر سید احمد خاں

آپ دلّی میں ۱۲۳۳ھ / ۱۸۱۷ء میں پیدا ہوئے۔ آپ کے والد سید میر تقی سلسلہ نقشبندیہ کے مشہور بزرگ شاہ غلام علی دہلوی (م ۱۲۴۰ھ / ۱۸۲۴ء) کے مرید تھے۔ ابتدا میں دینی تعلیم گلستان، بوستان اور عربی میں شرح ملا جامی تک چند کتابیں پڑھیں اور اس کے بعد دنیاوی تعلیم کی طرف توجہ دی۔ آپ کے سوانح نگار مولوی الطاف حسین حالی "حیات جاوید" میں رقمطراز ہیں جن میں خود سر سید اپنی سوانح بیان کرتے ہیں:

"میری لائف میں سوا اس کے کہ لڑکپن میں خوب کبڈیاں کھیلیں، کنکوّے اڑائے ، کبوتر پالے ،ناچ مجرے دیکھے اور بڑے ہو کر نیچری، کافر اور بے دین کہلوائے اور رکھا ہی کیا ہے" (حیات جاوید، ص ۲۶)

سر سید احمد خان ملازمت کے سلسلے میں ۱۸۴۱ء تا ۱۸۷۶ء بطور کلکٹر مختلف شہروں میں رہے اور پھر پنشن لے کر علیگڑھ آ گئے۔ سر سید احمد خاں نے دوران ملازمت تصنیف و تالیف اور ترویج علوم کے لئے خاصا وقت صرف کیا اس دور کی تصانیف میں (۱) قول

متین در ابطال حرکت زمین، (۲) انتخاب الاخوین (۳) رسالہ اسباب بغاوت ہند اور مشہور تالیف آثار الصنادید قابل ذکر ہیں۔

سر سید احمد خاں نے ۱۸۷۵ء میں ابتدائی مدرسہ علی گڑھ میں قائم کیا اور جلد ہی ۱۸۷۶ء میں کالج کا سنگ بنیاد رکھا اور اس کالج نے ۱۸۷۸ء سے کام شروع کر دیا اور ۱۸۸۳ء میں اس کو یونیورسٹی کا درجہ مل گیا۔ سر سید احمد خاں نے اسی دوران برٹش انڈین ایسوسی ایشن، سائنٹفک سوسائٹی، علی گڑھ انسٹیٹیوٹ گزٹ کا اہتمام ابھی کیا جس کے باعث آپ کو 'سر' اور خاں بہادر کے القاب سے نوازا گیا۔ آپ کی تصنیفات و تالیفات میں ترجمہ قرآن اور تفسیر قرآن بھی ہیں جن کو لکھ کر آپ نے برصغیر میں آزاد خیال ترجمہ اور اردو تفسیر قرآن بالرائے کی بنیاد رکھی۔

۲۔ مولوی عاشق الٰہی میرٹھی

آپ ۱۲۹۸ھ / ۱۸۸۱ء میں میرٹھ میں پیدا ہوئے ۱۳۱۵ھ میں مولوی فاضل کا امتحان پاس کیا۔ مولوی رشید احمد گنگوہی سے بیعت کی۔ ۱۳۱۷ھ میں ندوۃ العلماء لکھنؤ میں مدرس دوم کی حیثیت سے ملازمت شروع کی اور جلد ہی خیر المطابع کے نام سے مطبع کھولا اور اپنا ترجمہ کردہ ترجمہ قرآن (۱۳۱۸ھ) ۱۳۱۹ھ میں شائع کیا۔

(قاری فیوضی الرحمن "مشاہیر علماء دیوبند" جلد اول ص ۲۴۲ مطبوعہ لاہور)

مندرجہ بالا تحریر سے معلوم ہوتا ہے کہ مولوی عاشق الٰہی نہ تو کسی معروف مدرسہ سے فارغ ہیں اور نہ اتنی دینی صلاحیت کے ماہر ہیں کہ ۲۰ سال سے بھی کم عمر میں قرآن کریم کا اردو ترجمہ کر لیا۔ یقیناً یہ تعجب خیز عمل معلوم ہوتا ہے کہ ایک شخص جو صرف مولوی فاضل کی کتابیں پڑھا ہوا ہے اس میں کہاں سے یہ استعداد آگئی کہ اس نے قرآن پاک کا صرف ۲۰ سال کی عمر میں ترجمہ مکمل کر لیا۔ محسوس یہ ہوتا ہے کہ اپنا مطبع اس

لئے قائم کیا کہ ترجمہ قرآن کی زیادہ سے زیادہ شائع کیا جائے لیکن یہ ترجمہ عام لوگوں میں مقبول نہ ہو سکا۔ دوسرا تعجب یہ ہے کہ آپ نے اور کوئی قابل ذکر علمی تصنیف یاد گار نہ چھوڑی جس سے آپ کی علمی صلاحیتوں کا صحیح اندازہ ہو تا کہ واقعی آپ کم عمر میں ترجمہ قرآن کرنے کے اہل تھے۔

۳۔ مولوی فتح محمد جالندھری

مولوی فتح محمد مترجم قرآن کی حیثیت سے عوام میں متعارف ضرور ہیں مگر نہ تو مورخین نے اور نہ ہی سوانح نگاروں نے آپ کا تعارف اپنی تالیفات میں کرایا جس سے معلوم ہو تا کہ آپ عالم دین ہیں اور دینی کتابوں کے مصنف بھی۔ البتہ ترجمہ قرآن ان کا ایک واحد قلمی کارنامہ ہے جو تاریخ میں محفوظ ہے۔ تاریخی شواہد کے مطابق یہ ترجمہ ڈپٹی نذیر احمد کا تھا۔ مولوی فتح محمد اس ترجمہ کو آپ اپنے ساتھ لے گئے کہ اس کو صاف صاف لکھ کر واپس کر دیں گے مگر اس ترجمہ کو واپس لانے کے بجائے کچھ عرصے کے بعد "فتح الحمید" کے نام سے اس ترجمہ کو (اپنے نام سے) شائع کر دیا۔ اگر یہ حقیقت ہے تو یہ علمی سرقہ قرار پائے گا۔ یہاں راقم اس بحث میں الجھنا نہیں چاہتا صرف یہ بتانا مقصود ہے کہ جالندھری صاحب کا علمی پایہ کیا ہے اور کیا وہ ترجمۂ قرآن کے اہل تھے یا نہیں۔ تو تاریخ سے معلوم ہو تا ہے کہ نہ آپ مستند عالم دین تھے نہ مصنف اور نہ ہی آپ کی اس زمانے میں کوئی علمی شہرت تھی البتہ ترجمۂ قرآن کے باعث آپ مترجمین قرآن کی صف میں ضرور شامل ہو گئے اور افسوس کہ حکومت پاکستان نے اس ترجمہ قرآن کو سرکاری ترجمہ بنا رکھا ہے کہ جس کا مترجم ایک غیر معروف اور مجہول العلم شخص ہے۔ مولوی فتح محمد نے اپنی خفت مٹانے کے لئے شاہ عبد القادر کے ترجمہ کا سہارا لیا اور ایک مقام پر لکھا کہ:

"یوں سمجھئے کہ شاہ عبد القادر صاحب کا ترجمہ اگر مصری کی ڈالیاں ہیں تو یہ ترجمہ

شربت کے گھونٹ نہایت آسان"۔

(ڈاکٹر صالح شرف الدین قرآن حکیم کے اردو تراجم ص ۲۶۲)

قارئین کرام! یہاں راقم کو کچھ کہنے کی ضرورت نہیں کہ خود مترجم اس بات کا اقرار کر رہا ہے کہ یہ ترجمہ شاہ عبد القادر دہلوی کے ترجمہ کا چربہ ہے۔

۴۔ڈپٹی نذیر احمد دہلوی

مولوی نذیر احمد دہلوی ۱۸۳۰ء یا ۱۸۳۶ء میں پیدا ہوئے۔ اپنے والد سعادت علی دہلوی سے فارسی کی ابتدائی کتابیں پڑھیں۔ مولوی نصر اللہ خورجی (م ۱۲۹۹ھ) سے عربی صرف و نحو اور فلسفہ و منطق کی تعلیم حاصل کی اور پھر قدیم دہلی کالج کے شعبۂ مشرقی علوم میں تعلیم حاصل کی۔

ڈپٹی نذیر احمد دہلی کالج میں تعلیم کے دوران نئے دور کے تقاضوں سے متاثر ہوئے اور اردو ادب کے استاد رام چندر سے تفصیلی استفادہ کیا جو علمی اسلوب نثر نگاری کے بانی تھے۔ انگریز حکومت کی طرف سے "شمس العلماء" کا خطاب بھی ملا اور L۔L۔D اور L۔L۔O کی اعزازی سندیں بھی حاصل کیں۔ ڈپٹی نذیر احمد کا ابتدائی دور ۱۸۷۲ تا ۱۸۹۳ء ادبی تصنیفات کا دور ہے جس کے دوران ۳۰ سے زیادہ کتابیں تحریر فرمائیں۔ ان میں ادبی کتابوں کے علاوہ درسیات و اخلاقیات اور مذہبیات کے عنوان پر تحریریں بھی قابل ذکر ہیں۔ لیکن آپ کا اصل جوہر اردو زبان کے ناول نگار کی حیثیت سے سامنے آتا ہے جن کے وہ بانی بھی قرار دیئے جاتے ہیں۔ آپ نے ایک کتاب بعنوان "امہات المومنین" بھی تحریر فرمائی تھی جس میں اپنے مخصوص ظریفانہ لب و لہجہ کا اظہار اور محاوروں کا کثرت سے بے جا استعمال کیا جس کے باعث اس کتاب کے خلاف تکفیر کا ہنگامہ برپا ہوا اور اس کی تمام جلدیں جلادی گئیں۔ (ڈاکٹر افتخار احمد صدیقی "ڈپٹی نذیر احمد"

مطبوعہ)

ڈپٹی نذیر احمد دہلوی کے اردو ترجمۂ قرآن سے متعلق ایک عجیب و غریب انکشاف پروفیسر ڈاکٹر محمد مسعود احمد دہلوی صاحب نے اپنے PhD کے مقالے بعنوان "قرآنی تراجم و تفاسیر ایک تاریخی جائزہ" (غیر مطبوعہ) میں ڈپٹی نذیر احمد دہلوی کے پوتے مسلم احمد دہلوی کی روایت کردہ ایک بیان سے کیا ہے۔ اقتباس ملاحظہ کیجئے:

"مولوی نذیر احمد دہلوی کی ہمشیرہ اُم عطیہ بڑی عالمہ و فاضلہ تھیں۔۔۔ مولوی نذیر احمد صاحب روزانہ چند آیات کا ترجمہ کر کے اپنی ہمشیرہ کے پاس بھیج دیتے اور وہ نظر ثانی فرماتیں۔ مولوی صاحب نے ترجمہ لکھوانے کے لئے پانچ آدمی کی ایک ٹیم بنائی تھی جس میں مولوی فتح محمد جالندھری بھی شامل تھے۔ مولوی فتح محمد ڈپٹی صاحب کے کئے ہوئے ترجمہ کا مسودہ ام عطیہ کے پاس لے جاتے اور وہ اس کی تصحیح فرماتیں۔ جب یہ ترجمہ مکمل ہو گیا تو ڈپٹی صاحب نے پورے ترجمہ کا مسودہ مولوی فتح محمد جالندھری کو نقل کرنے کے لئے دے دیا۔۔۔ بعد میں معلوم ہوا کہ مولوی فتح محمد نے اس ترجمہ کو اپنے نام سے شائع کر دیا۔ ڈپٹی صاحب کو اس واقعہ سے سخت تکلیف پہنچی اور ان کی ہمت ٹوٹ گئی لیکن ان کی ہمشیرہ نے پھر ہمت بندھوائی اور فرمایا کہ دوبارہ اس ترجمہ کے کام کو شروع کیا جائے۔ اس دفعہ ۱۰ آدمی ترجمہ لکھنے کے لئے مقرر ہوئے اور ام عطیہ نے دوبارہ اس پورے مسودے کی تصحیح فرمائی۔ ڈپٹی نذیر احمد صاحب کے ترجمہ قرآن میں جو عبارتیں قوسین میں ہیں وہ ام عطیہ کی عبارتیں ہیں"۔

(پروفیسر ڈاکٹر محمد مسعود احمد "قرآنی تراجم اور تفاسیر ایک تاریخی جائزہ PhD" مقالہ، ص ۴۰۰۔۴۰۱)

ڈپٹی نذیر احمد دہلوی کا ترجمہ اور حواشی "غرائب القرآن" کے نام سے مشہور ہے جو

۱۸۹۵ء میں شائع ہوا جس کی اشاعت کے بعد کئی علماء نے تنقید بھی فرمائی۔ مولوی اشرف علی تھانوی نے "اصلاحِ ترجمہ دہلویہ" کے نام سے ۲۴ صفحات پر مشتمل رسالہ لکھا جس میں اس ترجمۂ قرآن پر اعتراضات وارد کئے ہیں اس کے علاوہ ان کے کئی ہم عصر اور بعد کے علماء نے ان کے ترجمہ کو سخت تنقید کا نشانہ بنایا۔

شاہ برادران کے اردو تراجم قرآن کے لگ بھگ ۱۰۰ سال کے بعد ۱۳۱۴ھ میں ڈپٹی نذیر احمد کا ترجمہ قرآن سامنے آتا ہے۔ یہ ترجمہ اگرچہ ان دونوں تراجم سے مختلف ہے لیکن انتہائی کثرت سے محاورات کا جا و بے جا استعمال کیا گیا ہے۔ ڈپٹی صاحب چونکہ بنیادی طور پر ناول نگار تھے بلکہ ناول نگاری کے بانی تھے انھوں نے اپنے ترجمہ میں بھی اس رنگ کو اپنانے کی کوشش کرتے ہوئے محاورات کا بے جا استعمال کیا ہے جس کہ باعث اس کو ترجمہ کہنے کے بجائے محاوراتی ترجمہ یا توضیحی و تشریحی ترجمہ کہا جائے تو بہتر ہو گا۔ تعجب یہ ہے کہ انھوں نے محاورات کے استعمال کے آگے قرآنی متن کا بھی خیال نہ رکھا۔

اردو ادب کے بعض ناقدین نے ڈپٹی صاحب کو مترجم قرآن کی حیثیت سے بہت سراہا ہے مگر ترجمۂ قرآن میں کی گئی بے اعتدالیوں سے صرف نظر کر گئے۔ خیال رہے کہ یہ کلام الٰہی ہے کلام انسان نہیں لہٰذا کسی بھی قسم کی بے اعتدالی قرآن کے ترجمہ میں مناسب نہیں ہو گی۔

۵۔ مولوی محمود الحسن دیوبندی

آپ ۱۲۶۸ھ / ۱۸۵۲ء میں بانس بریلی میں پیدا ہوئے اور دارالعلوم دیوبند سے ۱۲۸۸ھ میں فارغ التحصیل ہوئے اور اس مدرسہ میں ۱۳۰۸ھ میں صدر مدرس کے منصب پر فائز ہوئے۔ مولوی قاسم نانوتوی (م۱۲۹۷ھ / ۱۸۸۰ء) سے کتب صحاح ستہ کا

درس لیا۔ آپ نے جزائر مالٹا میں اسیری کے دوران (۱۳۳۵ھ / ۱۳۱۷ء تا ۱۳۳۸ھ / ۱۹۱۹ء) قرآن مجید کا اردو زبان میں ترجمہ مکمل کیا اور ساتھ ہی سورہ النساء تک حواشی بھی تحریر فرمائے۔ رہائی کے بعد جب ہندوستان واپس لوٹے تو ۱۳۳۹ھ / ۱۹۲۰ء میں انتقال ہو گیا۔ آپ نے ترجمہ قرآن کے علاوہ چند مذہبی نوعیت کی چھوٹی بڑی ۱۰ کتابیں اردو زبان میں اور تحریر فرمائیں مگر آپ کی وجہ شہرت ترجمہ قرآن ہے۔

مولوی محمود الحسن دیوبندی نے شاہ عبد القادر دہلوی کے ترجمہ قرآن "موضح القرآن" کو بنیاد بنا کر ترجمہ کیا ہے۔ حقیقت میں مولوی محمود الحسن دیوبندی صاحب نے صرف متروک محاورات یا الفاظ کو جو شاہ عبد القادر کے ترجمہ میں ہیں ان کو تبدیل کیا ہے اور کہیں کہیں الفاظ کے توضیحی ترجمے کئے ہیں احقر نے اپنی پی۔ایچ۔ڈی تھیس "کنز الایمان اور دیگر معروف تراجم کا تقابلی جائزہ" کی تیاری کے دوران مولوی صاحب کے ترجمہ کا بغائر تجزیہ کیا تو اس نتیجہ پر پہنچا کہ محولہ ترجمہ میں مولوی محمود الحسن صاحب کا حصہ بمشکل ۲۰ فیصد ہے جبکہ ۸۰ فیصد ترجمہ شاہ عبد القادر صاحب کے "موضح القرآن" کا چربہ ہے چنانچہ مترجم موصوف خود اپنے مقدمہ میں اس بات کا نہ صرف اظہار کرتے ہیں بلکہ اقرار کرتے ہیں کہ مترجمین کی صف میں ایسا ہی شامل ہوا ہوں جس طرح کوئی لہو لگا کر شہیدوں میں شامل ہوتا ہے ملاحظہ کیجئے آپ کی اپنی تحریر ترجمہ قرآن سے متعلق:

"تراجم موجودہ صحیحہ معتبرہ (ترجمہ شاہ عبد القادر و شاہ رفیع الدین دہلوی) کے ہوتے ہوئے ہمارا جدید ترجمہ کرنا لہو لگا کر شہیدوں میں شامل ہونا ہے جس سے نہ مسلمانوں کو کوئی نفع معتبرہ پہنچ سکتا ہے نہ ہم کو۔۔۔۔ہم کو جدید ترجمہ کرنا فضول سے بڑھ کر نہایت مذموم اور مکروہ تک نظر آتا ہے۔

(مولوی محمود الحسن 'ترجمہ قرآن' مقدمہ، ص:۲، مطبوعہ کراچی)

قارئین کرام! خود مترجم کے اعتراف کے بعد کہ اس کو مترجم کہنا مناسب نہیں اور جدید ترجمہ کرنا فضول سے بڑھ کر مذموم ہے اس لئے مولوی محمود الحسن کا ترجمہ قرآن شاہ عبدالقادر کے ترجمہ قرآن کا چربہ قرار پائے گا اور اس کو اصل ترجمہ میں شمار نہیں کیا جا سکتا۔ البتہ آپ کیونکہ عالم دین تھے اور دیوبند کے ممتاز علماء میں شمار ہوتے تھے اس لئے مترجمین کی صفوں میں شامل سمجھے گئے۔

۶۔ مولوی نواب وحید الزماں

مولوی وحید الزماں ابن نور محمد ابن شیخ احمد فاروقی کانپور میں ۱۸۵۰ء میں پیدا ہوئے اور ۱۹۲۰ء میں حیدر آباد دکن میں انتقال ہوا۔ درس نظامی کی سند مدرسہ فیض عام کانپور سے حاصل کی۔ آپ ابتدا میں پکے حنفی تھے اور ابتداً سلسلۂ قادریہ، پھر نقشبندیہ سلسلہ میں مولانا فضل الرحمن گنج مراد آبادی (م ۱۸۹۵ء) سے بیعت بھی ہوئے جن سے حدیث مسلسل بالترجمہ کی سند بھی حاصل کی۔ مولوی وحید الزماں اپنے بڑے بھائی مولوی بدیع الزماں (م ۱۳۱۲ھ) سے متاثر ہو کر حنفیت چھوڑ کر اہلِ حدیث کے مکتبہ فکر میں شامل ہو گئے اور ساتھ ہی طریقت کو بھی ترک کر دیا۔ آپ نے ایک سو سے زیادہ کتب یادگار چھوڑی ہیں ان میں تراجم و تالیفات و تصنیفات سب شامل ہیں مگر زیادہ رشحات قلم فنِ حدیث کی کتابوں کی صورت میں ہیں۔ آپ کی ایک کاوش ترجمۂ قرآن بھی ہے جس کو "موضحۃ القران" کے نام سے آپ نے ۱۹۰۳ھ میں مکمل فرمایا اس کے علاوہ تفسیری وحیدی، لغات القرآن اور اشارۃ الاخوان بفضائل القرآن کے نام سے بھی تالیفات تحریر فرمائیں۔

مولوی وحید الزماں حدیث و فقہ کی کئی درجن کتابوں کے مصنف و مترجم ہیں مگر آپ کے ترجمہ قرآن کے مطالعہ کے بعد یہ محسوس ہوتا ہے کہ یا تو قرآن کے اصل معانی

و مطالب پر ان کی نظر کمزور تھی یا آپ کسی نئے رجحان کی نمائندگی کر رہے ہیں جدید خیالات و افکار کی ترجمانی کا عنصر ان کے ترجمۂ قرآن میں نمایاں ہے اور ترجمہ قرآن کرتے وقت اکثر مقامات پر وہ غیر ضروری اضافے کر جاتے ہیں جس سے روحِ قرآن مجروح ہوتی ہے۔ مثلاً:

(اے پیغمبر) خدا تعالیٰ کے ساتھ دوسرے کو معبود نہ بنا۔ (بنی اسرائیل:۲۲)

(اے پیغمبر) اللہ تعالیٰ کے ساتھ کسی دوسرے خدا کو (مشرکوں کی طرح) مت پکار۔ (الشعراء:۲۱۳)

اور (اے پیغمبر) تجھ کو یہ امید کہاں تھی کہ تجھ پر کتاب اترے گی مگر یہ تو ترے مالک کی مہربانی ہوئی کہ تجھ پر قرآن اترا۔ (القصص:۸۶)

۷۔ مولوی اشرف علی تھانوی

مولوی اشرف علی تھانہ بھون، ضلع مظفر نگر میں (۱۲۸۰ھ / ۱۸۶۳ء) میں پیدا ہوئے۔ دارالعلوم دیوبند میں ۱۲۹۵ء میں داخل ہوئے اور ۲۱ سال کی عمر میں فارغ تحصیل ہوئے۔ اس دارالعلوم میں آپ نے مولوی یعقوب نانوتوی، مولوی محمود الحسن دیوبندی، مولوی سید احمد دیوبندی اور مولوی عبدالعلی میرٹھی سے اکتسابِ فیض کیا۔ حاجی امداد اللہ مہاجر مکی (المتوفی ۱۳۱۷ھ) سے بیعت ہوئے اور خلافت و اجازت بھی حاصل کی۔

مولوی اشرف علی تھانوی کثیر تصانیف لکھنے والوں میں شمار ہوتے ہیں مگر صحیح تعداد اور موضوعات پر تذکرہ نگاروں نے ابھی تک توجہ نہیں دی۔ مولوی اشرف علی تھانوی کی تصانیف علوم دینیہ کے مختلف موضوعات پر صرف اردو زبان میں ملتی ہیں۔ ان میں ترجمہ قرآن اور تفسیر قرآن کے علاوہ فتاویٰ بھی ہیں آپ نے طویل عمر پائی اور ۸۲ سال کی عمر میں ۱۳۶۲ھ میں تھانہ بھون میں انتقال ہوا اور وہیں دفن ہوئے۔ آپ نے اپنے ترجمۂ

قرآن اور کتاب "بہشتی زیور" سے کافی شہرت پائی۔ مولوی صاحب کا ترجمہ قرآن ۱۹۰۵ء میں مکمل ہوا اور ۱۹۰۸ء میں دہلی سے شائع ہوا اس ترجمہ کے ساتھ مقدمہ بھی تحریر ہے جس میں اپنے ترجمہ کرنے کی غرض وغایت بھی بیان کی ہے آپ لکھتے ہیں:

}}بعض لوگوں نے محض تجارت کی غرض سے نہایت بے احتیاطی سے قرآن کے ترجمے شائع کرنا شروع کئے ہیں جن میں بکثرت مضامین خلاف قواعد شرعیہ بھر دیے جن سے عام مسلمانوں کو بہت مضرت پہنچی۔۔۔۔۔چونکہ کثرت سے ترجمہ بینی کا مذاق پھیل گیا ہے۔۔۔ مشورے سے یہ ہی ضرورت ثابت ہوئی کہ ان لوگوں کو کوئی نیا ترجمہ دیا جائے جن کی زبان وطرز بیان و تقریر مضامین میں ان کے مذاق وضرورت کا حتی الامکان پورا لحاظ رہے۔"

(مولوی اشرف علی تھانوی مقدمہ بیان القرآن، ص:۲، تاج کمپنی لمیٹڈ)

ڈاکٹر صالحہ اشرف اپنی تصنیف "قرآن حکیم کے اردو تراجم" میں مولوی اشرف علی تھانوی کے اس مقدمے پر گفتگو کرتے ہوئے ص:۲۸۳ پر رقمطراز ہیں:

"تراجم کے غیر اطمینان ہونے کی طرف مولانا نے اشارہ کیلئے اس میں ڈپٹی نذیر احمد دہلوی، مرزا حسرت دہلوی اور سرسید احمد خاں کے ترجمے شامل ہیں۔ مولانا تھانوی مسلک میں روایتی عقائد کو پسند نہیں کرتے تھے۔"

مندرجہ بالا تحریر سے یہ بات سامنے آئی کہ اشرف علی تھانوی نے اس لئے ترجمہ قرآن کی طرف توجہ کی کہ ان کے زمانے میں جتنے بھی ترجمہ قرآن تھے اولاً وہ معیاری نہ تھے۔ دوم، وہ قواعد شرعیہ کے خلاف تھے۔ قارئین کرام! احقر نے یہاں سات (۷) مترجمین کا تعارف کروایا ہے اور ان سب کے ترجمہ سے متعلق مولوی اشرف علی تھانوی کا تجزیہ میرے مقصد کی حمایت کرتا ہے کہ یہ مترجمین ترجمہ قرآن کے اہل نہ تھے اور

اس قسم کے تراجم سے مترجمین کی طرح لوگوں کے نظریات میں بھی تبدیلی آئی جس کے باعث فرقے بنتے چلے گئے اور وہ روح قرآن سے دور ہوتے چلے گئے۔

لیکن تعجب یہ ہے کہ جن غیر معیاری اور خلاف قواعد تراجم کی نشاندہی مولوی اشرف علی تھانوی اپنے مقدمے میں کر رہے ہیں اسی قسم کی بے اعتدالیاں خود ان کے ترجمۂ قرآن میں پائی جاتی ہیں۔ کاش کہ وہ اپنے ترجمۂ قرآن کو بھی اسی نظر سے دیکھ لیتے جس طرح دوسرے تراجم کو دیکھا تھا تاکہ ان کا ترجمہ قرآن ان اغلاط سے پاک ہو جاتا جو پچھلے مترجمین کر چکے تھے۔

مولوی اشرف علی تھانوی کا ترجمہ قرآن اگرچہ پچھلے تراجم کے مقابلے میں زیادہ سلیس اور عام فہم ہے اور محاورات کا استعمال بھی قدرے کم اور کسی حد تک ضرورت کے مطابق ہے مگر آپ کا یہ ترجمہ توضیحی اور نثری زیادہ ہے۔ اس نہج کو بعد کے مترجمین نے اور آگے بڑھایا اور ترجمہ قرآن کے بجائے مفہوم القرآن اور پھر تفہیم القرآن کر دیا۔

مولوی اشرف علی تھانوی نے اپنے ترجمۂ قرآن میں انبیاء کی عظمت کو اجاگر کرنے کے بجائے اتنا گرادیا کہ مسلمان کا دل لرز جائے مثلاً وہ نبی کو خطاکار (ص:۵۷۴)، غافل (ص:۳۶۰)، شریعت سے بے خبر (ص:۴۸۱)، ایمان سے بے خبر (ص:۵۵۱) تک لکھ دیتے ہیں۔ (مولوی اشرف علی، ترجمہ قرآن، تاج کمپنی لمیٹڈ، کراچی)

۸۔ مولانا احمد رضا خاں بریلوی

مولانا احمد رضا خاں محمدی حنفی قادری برکاتی محدثِ بریلوی ابن مولانا مفتی محمد نقی علی خاں قادری برکاتی بریلوی (م ۱۲۹۷ھ / ۱۸۸۰ھ) ابن مولانا مفتی محمد رضا علی خاں بریلوی (م ۱۲۸۲ھ / ۱۸۶۶ء) بریلی میں (۱۲۷۲ھ / ۱۸۵۶ء) پیدا ہوئے اور ۱۴ سال سے بھی کم عمر میں اپنے والد کے قائم کردہ مدرسہ "مصباح العلوم" سے ۱۲۸۶ھ میں

فارغ التحصیل ہوئے۔ آپ اپنے والد کے ساتھ سلسلہ قادریہ میں شاہ آلِ رسول مارہروی (۱۲۹۶ھ) سے بیعت ہوئے اور والد صاحب کے ساتھ ہی پہلا حج ۱۲۹۵ھ میں ادا کیا جبکہ دوسرا حج ۱۳۲۴ھ میں ادا کیا۔ آپ نے تصنیف و تالیف کا سلسلہ دورِ طالبعلمی میں شروع کر دیا تھا اور آخر عمر تک یہ مشغلہ جاری رہا جس کے باعث ایک ہزار سے زیادہ کتب تصنیف و تالیف فرمائیں جو اردو، فارسی اور عربی زبان پر مشتمل ہیں۔ آپ نے علومِ نقلیہ و عقلیہ کے تمام عنوانات پر قلمی رشحات یادگار چھوڑے ہیں جن میں سے ۴۰ فیصد زیورِ طبع سے آراستہ ہو چکی ہیں۔ آپ کے قلمی رشحات میں سے چند کتب نے بہت زیادہ شہرت حاصل کی مثلاً:

۱۔ فتاویٰ رضویہ ۱۲ مجلدات جس میں ہزاروں فتاویٰ کے علاوہ ۱۵۰ سے زیادہ رسائل ہیں۔ یہ فتاویٰ تین زبانوں پر مشتمل ہے یعنی اردو، فارسی اور عربی جبکہ ایک فتوی انگریزی میں بھی ہے۔

۲۔ ترجمہ قرآن "کنز الایمان فی ترجمۃ القرآن" جو آپ نے ۱۳۳۰ھ میں مکمل فرمایا۔

۳۔ حدائقِ بخشش نعت رسول مقبول صلی اللہ علیہ وسلم کا مجموعہ جس میں اردو زبان کا طویل ترین سلام "مصطفی جانِ رحمت پہ لاکھوں سلام" بھی ہے جو زمین کے ہر خطے میں پڑھا اور سنا جاتا ہے۔

۴۔ کفل الفقیہ الفاہم فی قرطاس الدراھم۔

۵۔ الدولۃ المکیۃ بالمادۃ الغیبیۃ۔

۶۔ فوزِ مبین در ردِ حرکت زمین۔

۷۔ حسام الحرمین علی منحر الکفر والمین۔

۸۔ جدِ الممتار علی ردّ المحتار۔

۹۔ ملفوظاتِ اعلیٰ حضرت۔

۱۰۔ احکامِ شریعت وغیر ہم

مولانا احمد رضا خاں بریلوی کی غیر معمولی صلاحیتوں کے پیشِ نظر آپ کے ہم عصر علمائے عرب و عجم نے آپ کو ۱۳۱۸ھ / ۱۹۰۰ء میں ۱۴ویں صدی ہجری کا مجددِ دین و ملت تسلیم کیا اور آپ کو مجدد مائتہ حاضرہ، امام، محدث، مجتہد، اور فقیہہ اعظم و وقت کا نابغہ روز گار تسلیم کیا گیا۔ آپ دنیائے اسلام میں امام احمد رضا اور اعلیٰ حضرت فاضلِ بریلوی کے لقب سے زیادہ معروف ہوئے۔ آپ کی علمی کاوشیں گواہ ہیں کہ آپ اپنے زمانے کے ہر علم و فن پر دسترس رکھنے والے راسخ العلم عالم تھے اور اس اعتبار سے آپ کا کوئی مدّ مقابل نہ آپ کے دور میں نہ ہی اس دور میں نظر آتا ہے، یہی وجہ ہے کہ آپ حضراتِ علماء کے درمیان اعلیٰ تسلیم ہوتے ہوئے اعلیٰ حضرت کے لقب سے پکارے گئے جو اب آپ کے نام کا حصہ بن چکا ہے۔

۹۔ ابوالکلام آزاد

آپ کا نام احمد تھا اور مکہ مکرمہ میں ۱۳۰۵ھ / ۱۸۸۸ء میں پیدا ہوئے۔ آپ کے والدِ گرامی مولوی خیر الدین دہلوی (م ۱۳۲۶ھ / ۱۹۰۸ء) شاہ عبد الغنی دہلوی کی مسند پر ایک زمانے تک درسِ بخاری دیتے رہے۔ صوفی منش بزرگ تھے جن کے ہزارہا مرید کلکتہ اور دہلی میں آباد تھے۔ مولوی آزاد صاحب نے دس برس کی عمر میں کلکتہ میں اپنے والد سے اردو، فارسی ادب کے علاوہ فقہ کی ابتدائی کتابیں بھی پڑھیں۔ ان کے علاوہ مولوی آزاد کے استادوں میں قابلِ ذکر نام مولوی نذیر الحسین امیٹھوی، مولوی سعادت حسین اور مولانا محمد شاہ رامپوری قابلِ ذکر ہیں۔

ابتداء میں مولوی آزاد کی طبیعت کو ان علوم سے زیادہ رغبت نہ تھی چنانچہ موسیقی سے لگاؤ بڑھا اور مرزا محمد ہادی سودا سے فنِ موسیقی میں استفادہ کیا، ستار سے کافی پیار تھا یہاں تک کہ چاندنی راتوں میں ستار لے کر تاج محل چلے جاتے تھے۔

مولوی آزاد نے لڑکپن میں شاعری کی طرف بھی رغبت رکھی اور اس فن کا شوق دلانے والے عبد الواحد سرامی تھے اور آزاد تخلص ان کے استاد ہی کا رکھا ہوا ہے۔

مولوی آزاد اگرچہ بیک وقت کئی سمت میں قدم جماتے نظر آتے ہیں، ایک طرف دینی تعلیم بھی حاصل کی اور دوسری طرف شاعری اور موسیقی سے بھی کافی حد تک لگاؤ رکھا مگر عملی زندگی کا آغاز صحافت کے میدان سے کیا۔ ماہانہ "لسان الصدق" جریدہ کی ادارت کے ساتھ ہی ادبی رسالہ "مخزن" مین مضامین لکھنا شروع کئے اور پھر جلد ہی ۱۹۰۲ء میں "الہلال" کے نام سے اپنا اخبار جاری کیا۔

الہلال کے اجراء کے ساتھ ہی مولوی آزاد کا علمی اور سیاسی غلغلہ بلند ہوا اور جلد ہی سیاسی افق پر چھا گئے۔ الہلال کے بعد البلاغ، تحریک حزب اللہ اور تحریکِ خلافت اسی راہ کے اہم سنگ میل ہیں لیکن ۱۹۳۰ء کے بعد ابو الکلام آزاد جو تجدید و احیائے دین کے علمبردار تھے، متحدہ قومیت اور کانگریس سیکولرازم کے مبلغ بن گئے۔ ابو الکلام آزاد کا انتقال ۱۳۷۷ھ / ۱۹۵۷ء میں ہوا اور دہلی کی جامع مسجد کے احاطے میں سپردِ خاک ہوئے۔

اس سے قبل کہ راقم مولانا آزاد کے "ترجمان القرآن" پر کوئی تبصرہ کرے، مناسب سمجھتا ہوں کہ وقت کے مؤرخ جناب خورشید احمد صاحب کا تبصرہ جو انہوں نے مولانا آزاد کی تفسیر اور ترجمہ پر کیا ہے وہ یہاں پیش کروں۔ جناب خورشید احمد رقمطراز ہیں:

"صفاتِ باری تعالیٰ کی بحث میں وہ وقت کے مذہبی ارتقاء کے نظریات سے پوری طرح اپنے آپ کو نہ بچا سکے۔"

ابوالکلام آزاد تفسیر کرتے وقت اپنی رائے کو اتنی اہمیت دے گئے کہ جو بات قرآن کے حوالے سے کوئی نہ کہہ سکا وہ آپ کے قلم سے سامنے آئی۔ آپ ادیان کی بحث کو سمیٹتے ہوئے لکھتے ہیں:

"اسی طرح وحدتِ ادیان کی بحث میں بھی وہ ہندوستان کی فکر اور سیاسی مصلحتوں کو کلی طور پر نظر انداز نہ کر پائے اور یہ لکھ گئے کہ

"قرآن نے صرف یہ ہی نہیں بتایا کہ ہر مذہب میں سچائی ہے بلکہ صاف صاف کہہ دیا کہ تمام مذاہب سچے ہیں۔"

(تاریخ ادبیات مسلمانانِ پاکستان وہند، جلد ۱۰، ص، ۲۹۵-۲۹۶)

مولانا آزاد نے ترجمہ قرآن کرتے وقت ایک نیا اسلوب اختیار کیا کہ لفظی، محاوراتی ترجمہ قرآن کی بجائے قرآن کریم کے الفاظ کے معنی و مطلب سمجھ لینے کے بعد اس کے مفہوم کا ترجمہ کرنے کی کوشش کی ہے۔ اس اسلوب کو بعد میں مولوی غلام احمد پرویز اور ابوالاعلیٰ مودودی صاحب نے خاصا آگے بڑھایا جس کے باعث ترجمہ قرآن معنویت سے ہٹتا چلا گیا۔

ان مترجمین قرآن نے متعدد مقامات پر آیاتِ قرآنی کا اپنی فہم کے مطابق (قرآنی فہم سے ہٹ کر) وہ مطلب بیان کیا جو متنِ قرآن سے دور ہی نہیں بلکہ متنِ قرآن کے مخالف تھا۔ مولانا آزاد نے کئی مقامات پر قرآن سے ہٹ کر آزاد ترجمہ کرنے کی کوشش کی ہے جو ترجمہ کرنے کے اصول کے خلاف ہے کیونکہ ترجمہ کا مقصد یہ ہوتا ہے کہ لفظوں کو ایک نظم کے ساتھ دوسری زبان میں ڈھالا جائے اور اگر ایسا نہ کیا گیا تو پھر مترجم

کی اپنی عقل اور رائے کا دخل لازم قرار پاتا ہے اور یہ ترجمہ قرآن کے لئے قابلِ قبول نہیں۔ چند تراجم ملاحظہ کریں:

ا۔ مسلمانو! صبر اور نماز (کی معنوی قوتوں) سے سہارا پکڑو۔ (البقرۃ:۱۵۳)

۲۔ اے پیغمبر! کیا تم نے نہیں دیکھا کہ تمہارے پروردگار نے اس لشکر کے ساتھ کیا سلوک کیا۔ ہاتھیوں کا ایک غول لے کر مکہ پر حملہ ہوا تھا؟ خدا نے ان کے تمام داؤ غلط نہیں کروائے اور ان پر عذاب کی نحوستوں کے غول نازل نہیں کیئے؟ جنہوں نے انہیں سخت بربادی میں مبتلا کر دیا جو ان کے لئے لکھ دی گئی تھی یہاں تک کہ پامال شدہ کیفیت کی طرح تباہ ہو گیا۔ (سورۃ الفیل)

ایک عالم جو عربی زبان اور قرآنی علوم پر دسترس رکھتا ہے وہ اس ترجمہ کے بعد یہ کہنے میں حق بجانب ہو گا کہ مترجم نے وہ بات کہہ دی ہے جو منشائے الٰہی نہیں اور اپنی فہم سے متنِ قرآنی کو بگاڑ دیا ہے۔ اس ترجمہ سے یقیناً ایک صحافتی ذہن کا پتہ تو چلتا ہے لیکن مصطفوی ذہن سے دور تک ہم آہنگی نظر نہیں آتی ہے۔ لہٰذا فرق صاف ظاہر ہے۔

۱۰۔ ابو الاعلیٰ مودودی

آپ ۳رجب المرجب ۱۳۲۱ھ / ۲۵ ستمبر ۱۹۰۳ء میں حیدرآباد دکن میں پیدا ہوئے۔ آپ کے والد پیشہ کے لحاظ سے وکیل تھے۔ ۱۹۱۴ء میں مولوی کا امتحان پاس کیا، اس کے بعد حیدرآباد کے ایک دارالعلوم میں داخلہ لیا مگر والد کے انتقال کے باعث تعلیم مکمل نہ کر سکے۔ معاشی زندگی کا آغاز صحافتی پیشہ سے کیا اور اخبار "مدینہ" اور "الجمعیۃ" (دہلی) میں صحافی کی حیثیت سے خدمات انجام دیں۔ جلد ہی الجمعیۃ کے ایڈیٹر بھی بنا دیئے گئے اور ۱۹۲۸ء تک کام کیا مگر جمعیت علمائے ہند کی کانگریس سے مفاہمت کی پالیسی کے اختلاف پر الجمعیۃ سے استعفیٰ دے دیا اور پھر خود حیدرآباد دکن سے ۱۹۳۲ء میں رسالہ

"ترجمان القرآن" کا اجراء کیا۔

مودودی صاحب کی زندگی کا ایک نیا دور "ترجمان القرآن" کی اشاعت سے شروع ہوتا ہے۔ بہت جلد آپ پنجاب منتقل ہو گئے اور ۱۹۳۲ء تا ۱۹۴۱ء اس کی اشاعت مسلسل جاری رہی اور ایک عشرے کے بعد آپ کے ہم خیال لوگوں کا ۲۵ اگست ۱۹۴۱ء میں اجتماع ہوا جہاں "جماعتِ اسلامی" نام سے ایک مذہبی جماعت کی بنیاد ڈالی گئی اور مودودی صاحب کو اس کا اول بانی امیر چنا گیا۔ آپ ۴۱ سال تک جماعتِ اسلامی کے امیر رہے اور ۱۹۷۲ء میں امیر کی حیثیت سے استعفیٰ دے دیا اور ۲۲ ستمبر ۱۹۷۹ء میں امریکہ کے ایک ہسپتال میں انتقال ہوا۔

مودودی صاحب نے صحافتی پیشہ کے تجربہ سے بھرپور فائدہ اٹھاتے ہوئے نہایت آسان اور سادہ اسلوب میں ترجمۂ قرآن اور تفسیر لکھی ہے جو ایک کم علم انسان کے لئے عام فہم ضرور ہے مگر مترجم چونکہ بنیادی طور پر عربی زبان اور دینی علوم سے واقف نہیں اس لئے مترجم عربی تفاسیر ماثورہ اور احادیث کے عربی خزانے سے زیادہ استفادہ نہیں کر سکا جس کے باعث ان کا ترجمہ اور تفسیر اصل سے ہٹ کر تفسیر بالرائے بن گیا ہے اور خود مترجم اس کو تفہیم کہہ رہے ہیں۔ اس کے معنی یہ ہوئے کہ یہ ترجمہ منشائے الٰہی سے زیادہ فہمِ مودودی کا عکاس ہے جو یقیناً دین کو سمجھنے میں نقصان دہ ہے اور ایک نئی فکر اور فرقہ کی بنیاد ہے۔ جناب مودودی اپنے مقدمہ میں خود ان باتوں کی نشاندہی کرتے ہیں جن خدشات کا احقر نے اوپر اظہار کیا۔ وہ رقمطراز ہیں:

"میں نے اس قرآن کے الفاظ کو اردو جامہ پہنانے کے بجائے یہ کوشش کی ہے کہ قرآن کی ایک عبارت کو پڑھ کر جو مفہوم میری سمجھ میں آتا ہے اور جو اثر میرے دل پر پڑتا ہے، اسے حتی الامکان صحت کے ساتھ اپنی زبان میں منتقل کر دوں۔

آگے چل کر رقم طراز ہیں:

"اس طرح کے آزاد ترجمے کے لئے یہ تو بہر حال ناگزیر تھا کہ لفظی پابندیوں سے نکل کر ان کے مطالب کی جسارت کی جائے لیکن معاملہ کلامِ الٰہی کا تھا اسی لئے میں نے بہت ڈرتے ڈرتے ہی یہ آزادی برتی ہے"۔ (تفہیم القرآن، ج:۱، دیباچہ، ص:۱۱)

جناب مودودی کے خود ان وضاحتی کلمات کے بعد ضرورت باقی نہیں رہتی کہ ان کے ترجمہ یا تفسیر پر مزید اظہارِ خیال کیا جائے۔ جب وہ خود فرمارہے ہیں کہ قرآن کے الفاظ کا جو مفہوم میری سمجھ میں آیا اور جس کو میرے دل نے قبول کیا، وہ تحریر کے ذریعہ منتقل کر دیا اور اپنی مرضی مسلط کرنے کے لئے ڈرتے ڈرتے آزاد خیالی کی جسارت بھی کر لی جو منشائے الٰہی کے مخالف بھی تھی۔ لہٰذا یہ بات کہی جا سکتی ہے کہ جناب مودودی کا ترجمۂ قرآن "تفہیم القرآن" خود مترجمِ قرآن کی اپنی قرآن فہمی کا عکاس ہے اصل قرآن کا ترجمان نہیں جبکہ کلامِ الٰہی کی منشاء، تفاسیر ماثورہ، اور احادیث نبوی کے بغیر ممکن نہیں۔ بغیر اس کی روشنی کے ہر ترجمہ تفسیر بالرائے ہوگا جو یقیناً قرآن کے اصل کے خلاف ہوگا اور پڑھنے والے کے بنیادی دینی و اسلامی عقائد و نظریات کے لئے تباہ کن۔ مودودی صاحب نے جسارت کرتے ہوئے ایک جملے میں پچھلے تمام تفسیری اور احادیث کے ذخیرے کو اپنے ان الفاظ سے مسترد کر دیا۔

"قرآن و سنت کی تعلیم سب پر مقدم ہے مگر قرآن و حدیث کے پرانے ذخیرے سے نہیں۔"

جناب مودودی قرآن و سنت کے اس ذخیرے کو مسترد کرنے کی وجہ بھی خود بیان کر دیتے ہیں۔ آپ رقمطراز ہیں:

"آپ کے نزدیک ہر اس روایت کو حدیثِ رسول مان لینا ضروری ہے جسے محدثین

سند کے اعتبار سے صحیح قرار دیں لیکن ہمارے نزدیک یہ ضروری نہیں ہے۔ ہم سند کی صحت کو، حدیث کے صحیح ہونے کے لئے لازم دلیل نہیں سمجھتے۔"

(رسائل و مسائل، ج:۱، ص:۲۲۹)

اصولِ دین کا ہر طالبِ علم فنِ حدیث کے اس اصول کو سمجھتا ہے کہ کسی حدیث کی صحت کے لئے دو بنیادی چیزوں کی پڑتال ضروری ہے۔ اول اس کی "سند اور دوم اس کا "متن" اور اگر سند درست ہے تو اس حدیث کو صحیح تسلیم کیا جاتا ہے اور اس کی بنیاد پر حکم کا نفاذ ہوتا ہے مگر جناب مودودی صاحب اس اصول کو یکسر نظر انداز کرتے ہیں اور سند کی ان کے نزدیک کوئی اہمیت نہیں بلکہ خود ان کا فہم بنیادی اصول اور سند ہے کہ اگر ان کی عقل نے تسلیم کر لیا تو وہ حدیث صحیح ورنہ وہ حدیث اور قرآن کے مطالب قابلِ عمل نہیں۔

***

امام احمد رضا اور ترجمہ کنز الایمان

امام احمد رضا کے ترجمۂ قرآن کنز الایمان کا تفصیل کے ساتھ علمی تعارف تو یہاں ممکن نہیں کہ مقالہ طول پکڑ جائے گا البتہ مختصر تعارف ضرور کروانا چاہوں گا تاکہ قارئین کرام، امام احمد رضا اور دیگر مترجمینِ قرآن کی صلاحیتوں کا از خود تقابل کر سکیں۔

امام احمد رضا خاں بریلوی کے ترجمہ قرآن (۱۳۳۰ھ) سے قبل کئی تراجم عوام میں متعارف ہو چکے تھے جن کی تعداد ۲۵۔۳۰ سے کم نہ تھی۔ شاہ برادران کے تراجم کے ساتھ ساتھ ڈپٹی نذیر احمد، سر سید احمد خاں، عاشق الٰہی میرٹھی، فتح محمد جالندھری، مولوی وحید الزمان، مولوی اشرف علی تھانوی اور دیگر غیر معروف تراجم عوام الناس کے مطالعہ میں آرہے تھے جبکہ مولوی محمود الحسن دیوبندی، ابو الکلام آزاد کے تراجم قرآن کی اشاعت بھی برابر ہو رہی تھی۔ قارئین کرام کو یہاں یہ ضرور بتاتا چلوں کہ یہ تمام مترجمین سوائے شاہ برادران کے اہلِ سنت و جماعت کے عقائد سے متفق نہ تھے۔ ان تراجم سے نت نئے عقائد اور نظریات سامنے آرہے تھے جس کے باعث عوامِ اہلِ سنت میں بے چینی بڑھ رہی تھی اور ضرورت اس امر کی تھی کہ اہلِ سنت و جماعت کے قدیمی عقائد اور نظریات رکھنے والا کوئی اہل اور مستند عالمِ ترجمہ قرآن کی خدمت سر انجام دے تاکہ مسلمانوں کے عقائد کو محفوظ اور مضبوط رکھا جا سکے۔ بیشتر تراجمِ قرآن مسلمانوں کے نظریاتِ الوہیت و شانِ رسالت کے خلاف تھے۔ یہ بات بھی قطعی طور پر فہم سے بالا تر ہے کہ یکے بعد دیگرے اتنی کثرت سے اردو زبان میں تراجمِ قرآن کی کیا ضرورت تھی جبکہ بنیادی طور پر امام احمد رضا کے ترجمۂ قرآن سے قبل کے اردو قرآنی مترجمین کی ذہنی

و فکری اور عقائد میں کسی حد تک ہم آہنگی بھی تھی۔ امام احمد رضا کے بعد کے مترجمینِ قرآن کی اکثریت بھی اسی فکر کی داعی تھی کہ مسلمانوں کے ذہن و دل سے اللہ تعالیٰ اور اس کے رسول صلی اللہ علیہ وسلم کی تعظیم و توقیر کو کم کیا جائے اور رسول اللہ صلی اللہ علیہ و سلم کے منصبِ نبوت و رسالت کی اہمیت و افضلیت کو بھی مشکوک کیا جائے۔ البتہ اردو زبان میں تراجمِ قرآن کی کثرت کے باعث اردو ادب کو الفاظ اور محاورات کا ایک بڑا ذخیرہ ضرور میسر آیا۔

اکثر مترجمین نے اپنے جدید افکار و خیالات و نظریات کو تراجمِ قرآن میں ڈھالنے کی کوششیں کی ہیں جن کے باعث برصغیر میں نئے نئے فرقوں نے جنم لیا اور ترجمہ قرآن کے سہارے فروغ بھی پایا۔

امام احمد رضا محدثِ بریلوی نے برصغیر میں اس نازک صورتحال کے دیکھتے ہوئے اپنے احباب و خلفاء کے بے حد اصرار پر ترجمہ قرآن کا وعدہ فرما لیا اور کثیر تصنیفی مشغولیات کے باعث آپ نے اپنے ایک خلیفہ حضرت مولانا مفتی امجد علی اعظمی (م۱۳۶۸ھ / ۱۹۴۸ء) سے گذارش کی کہ آپ میرے پاس کاغذ و قلم لے کر آجایا کریں ، جیسے جیسے وقت ملے گا احقر قرآن کریم کا اردو ترجمہ لکھوادے گا چنانچہ اس عظیم کام کی ابتداء جمادی الاول ۱۳۲۹ھ میں ہوئی اور چند نشستوں میں وقفے وقفے سے یہ کام ہوتا رہا۔ مخطوطہ کے آخر میں جو تاریخ درج ہے وہ شب ۲۸ جمادی الآخر ۱۳۳۰ھ ہے جہاں امام احمد رضا خاں کے دستخط بھی ہیں۔ اس طرح ۱۳ ماہ میں چند نشستوں میں یہ کام مکمل ہوا۔ سارا مخطوطہ علامہ مولانا امجد علی کے ہاتھ کا لکھا ہوا ہے جس کے آخر میں امام احمد رضا کے دستخط موجود ہیں۔ اس مخطوطہ کی فوٹو کاپی ادارۂ تحقیقات امام احمد رضا کراچی کے کتب خانے میں محفوظ ہے۔ یہ ترجمۂ قرآن کیونکہ ۱۳۳۰ھ میں مکمل ہوا لہٰذا علم الاعداد کی بنیاد

پر امام احمد رضا نے مندرجہ ذیل نام تجویز کیا:

"کنز الایمان فی ترجمۃ القرآن"

یہ ترجمہ قرآن مولانا احمد رضا کی حیات ہی میں شائع ہو گیا تھا۔ اس کے بعد مراد آباد سے یہ ترجمہ قرآن مولانا نعیم الدین مراد آبادی (م۱۳۶۷ھ / ۱۹۴۸ء) کے حاشیہ "خزائن العرفان" کے ساتھ شائع ہوا اور مسلسل ۱۰۰ سال سے شائع ہو رہا ہے۔ مولانا نعیم الدین مراد آبادی کے علاوہ کئی تفسیری حاشیہ اور تفاسیر اس ترجمہ کے ساتھ شائع ہو رہی ہیں۔ مثلاً

۱۔ امداد الدیان فی تفسیر القرآن

مولانا حشمت علی خاں قادری پیلی بھیتی (م۱۳۸۰ھ)

۲۔ احسن البیان لتفسیر القرآن

مولانا عبد المصطفیٰ الازھری، کراچی (م۱۹۸۹ء)

۳۔ نور العرفان فی حاشیۃ القرآن

مولانا مفتی احمد یار خاں نعیمی، گجرات (م۱۳۹۱ھ / ۱۹۷۱ء)

۴۔ خلاصۃ التفاسیر

مولانا مفتی خلیل احمد میاں برکاتی، حیدر آباد، سندھ (م۱۹۸۴ء)

۵۔ تفسیر الحسنات

مولانا ابو الحسنات سید محمد احمد قادری، لاہور (م۱۹۸۰ء)

۷۔ فیوض الرحمن ترجمہ روح البیان

مترجم اردو: مولانا محمد فیض احمد اویسی

امام احمد رضا محدثِ بریلوی کے ترجمۂ قرآن پر سیکڑوں اہلِ قلم کی مثبت رائے

موجود ہیں جن کو یہاں پیش کرنا ناممکن ہے۔ میں یہاں ان چند اہلِ قلم کی رائے کو پیش کر رہا ہوں جو عرف میں امام احمد رضا کی فکری اور ایمانی سوچ سے ہم آہنگی نہیں رکھتے مگر انہوں نے علم دوستی کے رشتے کے باعث جو اظہارِ خیال کیا وہ یہاں پیش کر رہا ہوں، ملاحظہ کیجئے۔

پروفیسر ڈاکٹر رشید احمد جالندھری، (ڈائریکٹر، ادارہ ثقافت اسلامیہ، لاہور) لکھتے ہیں:

"اردو زبان میں جن اہلِ علم نے ترجمے (قرآن) کئے، آدمی ان کی نیکی، اخلاص اور محنت کی داد دیئے بغیر نہیں رہ سکتا لیکن یہ بھی حقیقت ہے کہ ان تراجم کی اکثریت ایسی ہے جو قرآن مجید کے بے مثال ادبی و معنوی حسن کی ترجمانی نہیں کرتی۔ اس کی ایک وجہ یہ ہے کہ ان خدا ترس اہلِ علم کو اردو زبان کے ادبی سرمایہ پر عبور حاصل نہیں تھا نیز یہ کہ ہر زبان کا اپنا اسلوب ہے جس کا ترجمہ ملحوظِ خاطر رکھنا ضروری ہے۔ 'ذہب فلاں' [He went] لیکن اس کا ترجمہ اردو زبان میں شخصیت کے مقام و مرتبہ کے لحاظ رکھتے ہوئے جمع کے ساتھ کیا جائے گا مثلاً 'وہ تشریف لے گئے'۔ اگر کسی بڑی علمی و مذہبی، خاص طور پر پیغمبر کی ذاتِ گرامی کے ذکر میں عربی یا انگریزی سے ترجمہ مفرد ہی کیا جائے تو وہ ذوقِ سلیم پر گراں گزرے گا۔ چنانچہ ترجمہ اور تشریح میں ادب کا ملحوظ رکھنا از حد ضروری ہے۔"

آگے چل کر ڈاکٹر جالندھری صاحب، امام احمد رضا کے ترجمۂ قرآن پر روشنی ڈالتے ہوئے رقمطراز ہیں:

"گذشتہ دنوں جب مولانا عبد القیوم ہزاروی (مہتمم جامعہ نظامیہ رضویہ، لاہور) نے ازراہِ کرام مجھے مولانا احمد رضا خاں مرحوم کے ترجمہ قرآن کا تحفہ دیا تو خاکسار نے

اس ترجمہ کو مقدور بھر غور سے پڑھا۔ اس ترجمہ کی ایک بڑی خوبی یہ ہے کہ مولانا مرحوم نے ترجمہ قرآن میں اور حاملِ قرآن کے مقامِ بلند کے آداب کو نگاہ میں رکھا ہے اور آپ نے سورۃ والضحیٰ کی آیت "ووجدک ضالاً فہدیٰ" کا جو ترجمہ "اور تمہیں اپنی محبت میں خود رفتہ پایا تو اپنی طرف راہ دی" کیا ہے، وہی زیادہ مناسب ہے"۔

(مجلہ تعارف فتاویٰ رضویہ جدید، ص:۲۱، باہتمام رضا فاؤنڈیشن، لاہور، ۱۹۹۳ء)

جناب کوثر نیازی (سابق وفاقی وزیر اور سابق چیئرمین اسلامی نظریاتی کونسل) سورہ والضحیٰ کی آیت "ووجدک ضالاً فہدیٰ" کے ترجمہ پر تبصرہ کرتے ہوئے رقمطراز ہیں:

"امام نے کیا عشق افروز اور ادب آموز ترجمہ کیا ہے! فرماتے ہیں:

"اور تمہیں اپنی محبت میں خود رفتہ پایا تو اپنی طرف راہ دی۔"

کیا ستم ہے فرقہ پرور لوگ رشدی (ملعون) کی لغویات پر تو زبان کھولنے سے اور عالمِ اسلام کے قدم بقدم کوئی کاروائی کرنے میں اس لئے تامل کریں کہ کہیں آقایانِ ولیِ نعمت ناراض نہ ہو جائیں مگر امام احمد رضا کے اس ایمان پرور ترجمہ پر پابندی لگا دیں جو عشقِ رسول کا خزانہ اور معارفِ اسلامیہ کا گنجینہ ہے۔

جنوں کا نام خرد رکھ دیا، خرد کا جنوں
جو چاہے آپ کا حسنِ کرشمہ ساز کرے"

(کوثر نیازی، "امام احمد رضا ایک ہمہ جہت شخصیت"، ص:۱۹، مطبوعہ کراچی)

پروفیسر امتیاز احمد سعید (م۱۹۹۳ء) (سابق ڈائریکٹر، وزارت مذہبی امور، حکومتِ پاکستان)، امام احمد رضا کے ترجمہ قرآن پر اظہارِ خیال کرتے ہوئے رقمطراز ہیں:

"یہ بات بلا تامل کہی جا سکتی ہے کہ یہ ایسا ترجمہ قرآن ہے جس میں پہلی بار (دوسرے اردو تراجمِ قرآن کے مقابلے میں) اس بات کا خیال رکھا گیا ہے کہ جب باری

تعالیٰ کی ذات وصفات کا ذکر آئے تو ترجمہ کرتے وقت اس کی عظمت وجلالت، تقدس اور کبریائی ملحوظِ خاطر رہے۔ اسی طرح جب آیت میں حضور کا ذکر ہو تو ان کے مرتبے و مقام کو پیشِ نظر رکھا جائے۔"

قارئین کرام! راقم اب چند آیاتِ قرآنی کے تراجم پیش کر رہا ہے جن کا تقابل امام احمد رضا کے ترجمہ کے ساتھ کیا جارہا ہے۔ انتہائی اختصار کے ساتھ اس تقابلی جائزہ پر اظہارِ خیال ضرور کروں گا مگر اس کا نتیجہ پڑھنے والوں پر چھوڑتا ہوں۔ وہ خود تجزیہ کر لیں کہ کس کا ترجمہ قرآن ان کو منشائے الٰہی سے قریب تر محسوس ہوتا ہے اور جو ترجمہ منشائے الٰہی اور تفسیر ماثور سے قریب تر ہوں، وہی ترجمہ بھی قابلِ تقلید اور قابلِ مطالعہ ہے۔ باقی تراجم سے پھر پرہیز کرنا ضروری ہو گا کہ وہ ہمارے ایمان کو بگاڑ سکتا ہے اور ہم کو قرآن اور صاحبِ قرآن سے دور کر سکتا ہے۔

۱۔ سر سید احمد کا ترجمہ قرآن

۱) قُلْ اَرَءَیْتَکُمْ اِنْ اَتٰکُمْ عَذَابُ اللّٰهِ اَوْ اَتَتْکُمُ السَّاعَةُ اَغَیْرَ اللّٰهِ تَدْعُوْنَ اِنْ کُنْتُمْ صٰدِقِیْنَ۔ (الانعام: ۴۰)

"کہ (اے پیغمبر!) کیا دیکھا ہے تم نے اپنے لئے اگر تم پر اللہ کا عذاب آوے یا تم پر بری گھڑی آوے، کیا خدا کے سوا اور کسی کو پکاروگے اگر تم سچے ہو۔"

(جلد سوم، ص: ۱۳۰)

قارئین کرام! غور کا مقام ہے کیا اللہ تعالیٰ یہ خطاب نبی سے فرمارہا ہے؟ یا نبی کے ذریعہ کفار اور مشرکین سے خطاب ہے؟ اور اس ترجمہ کے بعد کیا کم علم مسلمان یہ عقیدہ اختیار نہیں کرے گا کہ نبی بھی (معاذ اللہ) خدا کے علاوہ کسی اور کو مدد کے لئے پکار سکتے ہیں اور پھر ان پر اللہ کا عذاب آ سکتا ہے۔ اگرچہ بعض روایات کے مطابق ایک لاکھ

چوبیس ہزار انبیاء ورسول دنیا میں آئے لیکن الحمدللہ کسی پر نہ عذاب آیا اور نہ کبھی کسی نبی نے عذابِ الٰہی کو معاذ اللہ احکام خداوندی کی خلاف ورزی کر کے دعوت دی۔ ایسا محسوس ہوتا ہے کہ مترجم یومِ قیامت پر یقین نہیں رکھتے اس لئے وہ قیامت کو "بری گھڑی" تعبیر کر کے یومِ آخرت پر بھی لوگوں کا ایمان متزلزل کر رہے ہیں۔

ملاحظہ کیجئے صحیح ترجمہ قرآن:

"تم فرماؤ! بھلا بتاؤ تو اگر تم پر اللہ کا عذاب آئے یا قیامت قائم ہو، کیا اللہ کے سوا کسی اور کو پکارو گے اگر سچے ہو۔"

(کنز الایمان فی ترجمۃ القرآن)

سرسید احمد خاں کا ایک اور آیت کا ترجمہ ملاحظہ کریں:

۲) قُل لَّئِنِ اجۡتَمَعَتِ الۡاِنۡسُ وَالۡجِنُّ عَلٰۤی اَنۡ یَّاۡتُوۡا بِمِثۡلِ ہٰذَا الۡقُرۡاٰنِ لَا یَاۡتُوۡنَ بِمِثۡلِہٖ وَلَوۡ کَانَ بَعۡضُہُمۡ لِبَعۡضٍ ظَہِیۡرًا۔ (اسریٰ:۸۸)

"یعنی کہہ دے اے پیغمبر! اگر جمع ہو جاویں اس یعنی "شہروں کے رہنے والے" اور 'جن یعنی بدو' جو خالص عربی زبان جاننے والے تھے، اس بات پر کہ کوئی چیز اس قرآن کی مانند لادیں تو اس کی مانند نہ لا سکیں گے اگرچہ ایک دوسرے کے مددگار ہوں۔" (جلد ششم، ص:۱۳۸)

قارئین کرام! اس ترجمے سے ایک نیا عقیدہ سامنے آیا کہ قرآن نے لفظ "جن" دیہاتی لوگوں (یعنی بدو جو خالص عربی زبان جانتے ہیں) کے لئے استعمال کیا ہے جبکہ قرآن نے "جِن" کو ایک الگ مخلوق بتایا ہے جو آگ سے پیدا کی گئی ہے اور ان کا سردار ابلیس قرار دیا گیا ہے۔ جیسا کہ قرآن نے ارشاد فرمایا:

وَخَلَقَ الۡجَآنَّ مِنۡ مَّارِجٍ مِّنۡ نَّارٍ (الرحمن:۱۵)

"اور جن کو پیدا فرمایا آگ کے لوکے سے"

وَالْجَآنَّ خَلَقْنٰهُ مِن قَبْلُ مِن نَّارِ السَّمُومِ (الحجر:۲۷)

"اور جن کو اس سے پہلے بنایا بے دھوئیں کی آگ سے۔"

محسوس یہ ہوتا ہے کہ مترجم اس مخلوق کی تخلیق کے قائل نہیں اس لحاظ سے یقیناً وہ ابلیس کے وجود کے قائل بھی نہیں ہوں گے اور ان کا اس مخلوق سے انکار حقیقتاً قرآن کی منشاء الٰہی کا انکار ہوگا۔ فیصلہ قارئین خود فرمائیں۔ صحیح ترجمہ ملاحظہ کریں:

"تم فرماؤ اگر آدمی اور جن سب اس بات پر متفق ہو جائیں کہ اس قرآن کی مانند لے آئیں تو اس کا مثل نہ لاسکیں گے اگرچہ ان میں ایک دوسرے کا مددگار ہو۔" (ترجمہ کنزالایمان)

آخر میں مولوی عبد الحق حقانی، مصنف "تفسیر فتح المنان" کی رائے کو پیش کر رہا ہوں جو انہوں نے سر سید احمد کے ترجمہ اور تفسیر سے متعلق اپنے مقدمہ قرآن میں لکھی ہے۔ ملاحظہ کیجئے:

"تفسیر القرآن، آنر ایبل سید احمد خاں بہادر دہلوی کی تصنیف ہنوز ناتمام ہے۔ اس شخص نے ترجمہ شاہ عبد القادر کو ذرا بدل کر ترجمہ لکھا ہے اور باقی اپنے خیالاتِ باطلہ کو جو ملحدینِ یورپ سے حاصل کئے ہیں اور جن کا اتباع، ان کے نزدیک ترقی، قومی اور فلاحِ اسلام ہے اور بے مناسب آیات و احادیث و اقوال علماء کو اپنی تائید میں لا کر الہامِ الٰہی کو تحریف کیا ہے۔ دراصل یہ کتاب تحریف قرآن ہے اور خاں بہادر کی اسی بے باکی اور الحاد کی وجہ سے تمام ہندوستان کے علماء نے تکفیر کا فتویٰ دیا ہے۔"

۲۔ عاشق الٰہی میرٹھی کا ترجمہ قرآن

اللّٰهُ يَسْتَهْزِئُ بِهِمْ وَيَمُدُّهُمْ فِي طُغْيَانِهِمْ يَعْمَهُونَ۔ (البقرۃ:۱۵)

ترجمہ: "اللہ ہنسی کرتا ہے ان کے ساتھ اور ان کو ڈھیل دیتا ہے کہ اپنی سرکشی میں بہکے پھریں۔"

قارئین کرام! کیا کسی کا ہنسی مذاق اڑانا شریعت میں جائز ہے؟ نہیں تو پھر اللہ تعالیٰ کے لئے اس عمل کو لکھنا کیونکر جائز ہو گا جیسا کہ مولوی عاشق الٰہی میرٹھی لکھ رہے کہ "اللہ ہنسی کرتا ہے"۔ ایک عربی دان تو یہ سمجھتا ہے کہ یہ جملہ عربی قواعد کے مطابق ہے کہ صنعت مشاکلت میں کسی بھی جرم کی سزا کے لئے بھی انہی الفاظ مین جواب دیا جاتا ہے مگر دونوں کے معنی میں فرق ہوتا ہے۔ مثلاً استہزیٰ کے معنی مذاق اڑانا یا ہنسی اڑانا ہے لیکن یہاں جب اللہ کے لئے یہ لفظ استعمال ہو گا تو اس کے معنی ہوں گے کہ وہ ہنسی اڑانے کی سزا ان کو دے گا مگر جب اس کا اردو ترجمہ کیا جائے گا تو یہ ضرور دیکھا جائے کہ جرم کون کر رہا ہے اور سزا کون دے رہا ہے، اس کی مناسبت سے اردو میں ترجمہ کرنا چاہئے ورنہ یہ صریح اللہ کی صفت میں بے ادبی اور گستاخی قرار پائے گا۔ مولانا احمد رضا کا ترجمہ ملاحظہ کریں:

"اللہ ان سے استہزیٰ فرماتا ہے (جیسا اس کی شان کے لائق ہے) اور انہیں ڈھیل دیتا ہے کہ اپنی سرکشی میں بھٹکتے رہیں۔"

امام احمد رضا نے یہاں لفظ "استہزأ" کا اردو زبان میں ترجمہ ہی نہیں کیا بلکہ اس کو متشابہ خیال کرتے ہوئے اور صفت مشاکلت کو مد نظر رکھتے ہوئے احتیاط برتی ہے اور استہزأ کو اس کی شان کے لائق کہہ کر چھوڑ دیا۔

وَعَصٰٓى اٰدَمُ رَبَّهٗ فَغَوٰى (طٰہٰ:١٢١)

"اور آدم نے نافرمانی کی پس گمراہ ہوئے۔"

اس ترجمہ کو پڑھنے کے بعد ایک عام مسلمان یقیناً یہ عقیدہ قائم کرے گا کہ انبیاء

کرام بھی (معاذ اللہ) گمراہ گذرے ہیں، ان سے بھی خطائیں اور گناہ سرزد ہوئے ہیں، وہ بھی اللہ تعالیٰ کی دنیا میں نافرمانی کرتے رہے ہیں وغیرہ وغیرہ۔ کیا یہ نبوت اور رسالت پر درست عقیدہ ہے یا کسی نئے عقیدے کی بنیاد رکھی جارہی ہے؟ صحیح ترجمہ ملاحظہ کیجئے:

"اور آدم سے اپنے رب کے حکم میں لغزش واقع ہوئی تو جو مطلب چاہا تھا اس کی راہ نہ پائی۔" (امام احمد رضا)

قارئین کرام! مولوی عاشق الٰہی میرٹھی سب سے کم سن اردو مترجمِ قرآن ہیں۔ انہوں نے اپنی عمر کے ۲۱ویں سال میں ترجمہ کیا۔ کیا یہ ممکن ہے کہ ایک ایسا شخص جس کی علمیت ابھی ابتدائی دور میں ہو وہ اپنے دورِ طالبِ علمی میں ہی ایسا کام کر دے جو مفسرین اپنی زندگی کے آخری ایام میں انجام دیتے ہیں جب کہ وہ علمی اعتبار سے بہت پختہ ہو جاتے ہیں لہٰذا کم عمری میں ترجمہ کا نتیجہ آپ کے سامنے ہے۔

۳۔ مولوی فتح محمد جالندھری کا ترجمہ قرآن

۱) اَلْحَقُّ مِنْ رَّبِّكَ فَلَا تَكُوْنَنَّ مِنَ الْمُمْتَرِيْنَ (البقرۃ: ۱۴۷)

ترجمہ: "(اے پیغمبر! یہ نیا قبلہ) تمہارے پروردگار کی طرف سے حق ہے تو تم ہرگز شک کرنے والوں میں نہ ہونا۔"

قارئین کرام! کیا آپ سمجھ سکتے ہیں کہ یہ خطاب یا ایسا انداز اللہ تعالیٰ کا اپنے چنے ہوئے برگزیدہ بندے یعنی نبی یا رسول سے ہوگا پھر یا نبی کے ذریعہ بندوں سے ہوگا؟ یہ حقیقت ہے کہ اللہ کے احکامات نبی کے ذریعے ہی بندوں تک پہنچتے ہیں مگر مولوی فتح محمد صاحب نے اس خطاب کو خاص حضور صلی اللہ علیہ وسلم کی طرف پھیر کر یہ ظاہر کرنے کی کوشش کی کہ (معاذ اللہ) نبیؐ کو اللہ کے احکامات میں شبہ رہتا تھا اس لئے اللہ نے ان کو تنبیہ فرمائی کہ ہرگز شک کرنے والوں میں نہ ہونا جبکہ حقیقت اس کے برعکس ہے۔

ملاحظہ کیجئے:

"(اے سننے والے!) یہ حق ہے تیرے رب کی طرف سے تو خبر دار شک نہ کرنا۔"

(امام احمد رضا)

۲) وَاِنَّ لَكُمْ فِي الْاَنْعَامِ لَعِبْرَةً ۚ نُّسْقِيْكُمْ مِّمَّا فِيْ بُطُوْنِهٖ مِنْۢ بَيْنِ فَرْثٍ وَّدَمٍ لَّبَنًا خَالِصًا سَآئِغًا لِّلشّٰرِبِيْنَ (النحل:٦٦)

ترجمہ: "اور تمہارے لئے چار پایوں میں بھی (مقام) عبرت (غور) ہے کہ ان کے پیٹوں میں جو گوبر اور لہو ہے، اس سے ہم تم کو خالص دودھ پلاتے ہیں، جو پینے والوں کے لئے خوشگوار ہے۔"

قارئین کرام! ذرا غور فرمایئے کہ کہ مترجم نے جلد بازی میں مندرجہ بالا آیات کا کیا ترجمہ کیا ہے؟ غالباً مترجم عربی زبان سے زیادہ واقف کار نہیں اور اس کو اس عمل کی بھی خبر نہیں کہ دودھ بننے کا عمل کس طرح پیٹ کے اندر ہوتا ہے۔ بظاہر اس کا مطلب یہ ہی نکلتا ہے کہ اللہ تعالیٰ گوبر اور خون سے دودھ بناتا ہے جو ہم پیتے ہیں۔ مقامِ تعجب ہو گا کہ جس چیز کو وہ حرام قرار دے رہا ہے یعنی گوبر اور خون، اسی سے ایک غذا بنا کر ہم کو پلا رہا ہے۔ کاش کہ مترجم دیگر علوم بھی جانتے ہوتے کہ یہ دودھ کب اور کس طرح ماں کے پیٹ میں بنتا ہے یا پھر عربی زبان پر اچھا عبور ہوتا یا کم از کم عربی تفاسیر اور احادیث دیکھ لیتے۔ آیت کریمہ میں لفظ "بین" موجود ہے جو کہ درمیانی کیفیت بتا رہا ہے کہ جب کوئی چوپایا یا عورت غذا کھاتے ہیں تو معدے میں جا کر اس کے ہاضمہ کا عمل شروع ہو جاتا ہے، اس دوران خون بنتا ہے، جو دل کے ذریعہ نالیوں میں چلا جاتا ہے اور فضلہ اپنے راستے سے خارج ہو جاتا ہے۔ اللہ کی قدرت یہ ہے کہ جب غذا ہاضمہ کے درمیان ہوتی ہے تو اس کے خون اور گوبر بننے سے پہلے اس میں سے دودھ کو کھینچ کر نالیوں کے ذریعہ تھنوں /

پستانوں میں پہنچا دیتا ہے اور پھر بنا ہوا خون بقیہ خون میں شامل ہو جاتا ہے نہ کہ گوبر اور خون سے دودھ بنا۔ آیئے صحیح ترجمہ دیکھیں:

"اور بے شک تمہارے لئے چوپایوں میں نگاہ حاصل ہونے کی جگہ ہے۔ ہم تمہیں پلاتے ہیں اس چیز میں سے جو ان کے پیٹ میں گوبر اور خون کے "بیچ" میں سے "خالص دودھ" سہل اترتا ہے پینے والوں کے لئے۔" (امام احمد رضا)

۴۔ نواب وحید الزمان کا ترجمہ قرآن

ا) نِسَآؤُكُمْ حَرْثٌ لَّكُمْ فَاْتُوْا حَرْثَكُمْ اَنّٰى شِئْتُمْ وَقَدِّمُوْا لِاَنْفُسِكُمْ ؕ (البقرۃ: ۲۲۳)

ترجمہ: "عورتیں کھیتی ہیں تمہاری اپنی کھیتی میں جس طرح سے (یا جہاں سے) چاہو آؤ۔"

مولوی وحید الزمان نے اس مقام پر نصِ قرآن کے مسئلہ جماع کے خلاف ترجمہ کیا ہے۔ اللہ تعالیٰ نے انہیں کھیتی ضرور بنایا لیکن اس کھیتی میں یہ نہیں فرمایا کہ جہاں سے بھی چاہو، صرف ایک مقام کی اجازت ہے اور کسی مقام سے آنے کی اجازت نہیں کہ فرج کے علاوہ دبر سے بھی داخل ہو جاؤ جبکہ احادیث میں بھی دبر سے داخلے پر سخت وعید بتائی گئی ہے۔ نواب صاحب نہ جانے کیوں اس جگہ سے اجازت دے رہے ہیں جہاں سے اللہ اور اس کے رسول صلی اللہ علیہ وسلم نے منع فرمایا۔ ایک حدیث بھی ملاحظہ کیجئے:

ان اللہ لا یستحی من الحق ثلاث مرات لا تاتوا النسآء فی ادبار ہن

(ابن ماجہ، ج:۱، حدیث ۱۹۹۲)

ترجمہ: رسول اللہ صلی اللہ علیہ وسلم نے فرمایا، اللہ حق بات کہنے سے حیا نہیں کرتا۔ عورتوں سے ان کے پیچھے کی جگہ میں جماع نہ کرو۔ آپ نے یہ بات تین بار فرمائی۔

اب ملاحظہ کریں، صحیح ترجمہ: "تمہاری عورتیں تمہارے لئے کھیتیاں ہیں تو آؤ اپنی

کھیتی میں جس طرح چاہو اور اپنے بھلے کا کام پہلے کرو۔" (کنز الایمان)

۲) وَمَا كُنتَ تَرْجُوا أَن يُلْقَىٰ إِلَيْكَ الْكِتَابُ إِلَّا رَحْمَةً مِّن رَّبِّكَ فَلَا تَكُونَنَّ ظَهِيرًا لِّلْكَافِرِينَ۔ (القصص:۸۶)

ترجمہ: "اور (اے پیغمبر!) تجھ کو یہ امید کہاں تھی کہ تجھ پر کتاب اترے گی مگر یہ تو تیرے مالک کی مہربانی ہوئی کہ تجھ پر قرآن شریف اترا۔"

اگر یہ خطاب نبی سے ہے کہ اس کو خبر ہی نہیں اور نہ اس قسم کی امید کہ مجھ پر وحی اترے گی تو پھر وہ نبی کہاں رہا؟ جب کہ سورۂ اٰلِ عمران میں اللہ تعالیٰ روزِ میثاق کی آیات میں تمام انبیاء کو ان کی ذمہ داری بتا رہا ہے اور ان سے گواہی لے رہا ہے کہ جب تم کو کتاب دوں اور یہ نبی تشریف لے آئے تو ان کی ضرور ضرور مدد کرنا۔ ملاحظہ کیجئے، ارشادِ باری تعالیٰ:

"اور یاد کرو جب اللہ تعالیٰ نے پیغمبروں سے ان کا عہد لیا جو میں تم کو کتاب اور حکمت دوں پھر تشریف لائے تمہارے پاس وہ رسول کہ تمہاری کتابوں کی تصدیق فرمائے تو تم ضرور ضرور اس پر ایمان لانا اور ضرور ضرور اس کی مدد کرنا۔"

(اٰلِ عمران:۸۱) کنز الایمان

قارئین! اب غور کریں کہ مترجم یا تو اپنی کم علمی کا مظاہرہ کر رہے ہیں، یا پھر نبوت کے متعلق کوئی نیا عقیدہ دینا چاہتے ہیں جس میں نبی کو خود اپنے متعلق خبر نہیں کہ وہ نبی ہے اور نہ اس بات کی خبر کہ وحی کے ذریعہ اس کو کوئی کتاب ملے گی یا پھر مترجم قرآن کریم کو صحیح سمجھنے کی صلاحیت ہی نہیں رکھتے کہ یہ خطاب کس سے ہے اور اگر ایک آیت قبل سے اس کو ملائیں تو بات اور واضح طور پر سمجھ میں آجاتی ہے کہ عام لوگوں سے خطاب ہے اور آپ سے کہا جا رہا ہے کہ قل:

قُل رَّبِّیٓ اَعلَمُ مَن جَآءَ بِالھُدٰی وَ مَن ھُوَ فِی ضَلٰلٍ مُّبِینٍ۔ (القصص:۸۵)

ترجمہ: "تم فرماؤ میرا رب خوب جانتا ہے اسے جو ہدایت لایا اور جو کھلی گمراہی میں ہیں۔" (کنز الایمان)

یہ خطاب ان لوگوں سے خاص کر مکہ کے کافروں، مشرکوں سے ہے کہ جن سے کہا جارہا ہے کہ:

"تم امید نہ رکھتے تھے کہ کتاب تم پر بھیجی جائے گی، ہاں تمہارے رب نے رحمت فرمائی۔" (کنز الایمان)

قارئین کرام! آپ خود ہی تجزیہ کریں کہ اس قسم کے تراجم سے ملت کو کتنا نقصان ہوا ہوگا اور یہ ترجمہ آپ کو نئے فرقے کی بنیاد نظر آرہا ہوگا کہ نبی کو خبر ہی نہیں۔ یعنی نبی جانتا ہی نہیں کہ اس کے پاس وحی آئے گی۔ اللہ تعالیٰ ہم کو سیدھی راہ چلائے۔

۵۔ مولوی اشرف علی تھانوی کا ترجمہ قرآن

۱) وَلَئِنِ اتَّبَعتَ اَھوَآءَ ھُم مِّن م بَعدِ مَا جَآءَکَ مِنَ العِلمِ اِنَّکَ اِذًا لَّمِنَ الظّٰلِمِینَ۔ (البقرۃ:۱۴۵)

ترجمہ: "اور اگر آپ ان کے (ان) نفسانی خیالات کو اختیار کریں (اور وہ بھی) آپ کے پاس علم (وحی) آئے پیچھے تو یقیناً آپ ظالموں میں شمار ہونے لگیں۔"

(ترجمہ اشرف علی تھانوی)

قارئین کرام! اس ترجمہ کو پڑھ کر ایسا محسوس ہوتا ہے کہ (معاذ اللہ) سب سے زیادہ خطرہ اللہ تعالیٰ کو اپنے نبی سے ہے کہ کہیں وہ نفسانی خواہشات نہ کرنے لگیں، وحی کے پیغام کے باوجود وہ نافرمانی کرنے لگے اور گناہ کر کے اپنے اوپر ظلم کرے۔ سوال یہ پیدا ہوگا کہ نبی کیا ہدایت یافتہ نہیں ہوتا؟ اور اللہ تعالیٰ اس کی حفاظت نہیں فرماتا؟ اور

ساتھ ہی یہ بات ذہن میں آئے گی کہ کتاب اللہ کیا نبی کی ہدایت کے لئے نازل ہوتی ہے یا عام لوگوں کی ہدایت کے لئے؟ اور اگر (معاذ اللہ) ایسا ہی ہے جیسا مترجم ترجمہ کر رہا ہے تو پھر بشمول نبی کوئی بھی پیروی کرنے کے لائق اسوہ نہ ہو گا۔ جبکہ یہ ہی قرآن نبی کریم صلی اللہ علیہ وسلم کے لئے ارشاد فرما رہا ہے:

لَقَدْ کَانَ لَکُمْ فِیْ رَسُوْلِ اللّٰہِ اُسْوَۃٌ حَسَنَۃٌ (الاحزاب:۲۱)

ترجمہ: "بے شک تمہیں رسول اللہ کی پیروی بہتر ہے۔" (کنزالایمان)

سورہ بقرہ کی اس آیت میں مخاطب دراصل وہ منکرین ہیں جو قرآن کی تعلیم کو جھٹلا رہے تھے اور خاص کر یہودیوں سے خطاب کہ وہ قبلہ کی تبدیلی پر اعتراض کر رہے تھے۔ اس آیت کو اس کے پچھلے حصے کے ساتھ ملا کر ترجمہ پڑھیں پھر سمجھ میں آتا ہے کہ خطاب رسول اللہ صلی اللہ علیہ وسلم سے ہے یا رسول کے ذریعہ عام انسانوں سے اور بالخصوص منکرینِ قرآن سے ہے:

"اور اگر تم ان کتابیوں کے پاس ہر نشانی لے کر آؤ، وہ تمہارے قبلہ کی پیروی نہیں کریں گے اور نہ تم ان کے قبلہ کی پیروی کرو اور وہ آپس میں بھی ایک دوسرے کے قبلہ کے تابع نہیں۔"

"اور (اے سننے والے کسے باشد!) اگر تو ان کی خواہشوں پر چلا، بعد اس کے کہ تجھے علم مل چکا تو اس وقت تو ضرور ستم گار ہو گا۔" (کنزالایمان فی ترجمۃ القرآن)

آگے ان یہودیوں کے متعلق مزید ارشاد ہو رہا ہے کہ یہ لوگ نبی کو اچھی طرح پہچانتے ہیں جیسا کہ اگلی آیت میں ارشاد ربانی ہے:

"اور جن کو ہم نے کتاب دی، وہ اس نبی کو ایسا پہچانتے ہیں جیسے آدمی اپنے بیٹوں کو پہچانتا ہے۔" (البقرۃ:۱۴۶)

اب آپ خود یہ فیصلہ کریں کہ یہ خطاب حضور سے تھا یا منکرین سے مگر مترجم قرآن نے اس نافرمانی کو نبی کی طرف لوٹا کر مسلمانوں کے عقیدہ "عصمتِ انبیاء" کو متزلزل کر دیا ہے۔ مولوی اشرف علی تھانوی کے ترجمہ قرآن سے ایک اور آیت کا ترجمہ ملاحظہ کریں:

۲) وَوَجَدَکَ ضَآلًّا فَھَدٰی (الضحٰی:۷)

ترجمہ: "اور اللہ تعالیٰ نے آپ کو (شریعت سے) بے خبر پایا سو آپ کو شریعت کا رستہ بتلا دیا۔" (مولوی اشرف علی تھانوی)

قارئین کرام! ہم میں اور نبی میں کیا فرق رہا کہ ہم یقیناً شریعت سے بے خبر ہوتے ہیں اور جب اللہ تعالیٰ ہدایت نصیب فرما دیتا ہے تو ہم شریعت کے مطابق اعمال کو ڈھالنے لگتے ہیں، کیا نبی بھی (معاذ اللہ) ہماری طرح اللہ کا نافرمان اور اللہ سے بے خبر ہوتا ہے۔ یہ کونسا دین ہے کہ جس کا سربراہ بھی بے خبر جبکہ اللہ تعالیٰ ارشاد فرمائے:

یٰۤاَیُّھَا النَّبِیُّ اِنَّاۤ اَرْسَلْنٰکَ شَاھِدًا وَّمُبَشِّرًا وَّنَذِیْرًا۔ وَّدَاعِیًا اِلَی اللّٰہِ بِاِذْنِہٖ وَسِرَاجًا مُّنِیْرًا۔ (الاحزاب:۴۶)

ترجمہ: "اے غیب کی خبریں دینے والے (نبی)! بے شک ہم نے تمہیں بھیجا، حاضر وناظر اور خوشخبری دیتا اور ڈر سناتا اور اللہ کی طرف اس کے حکم سے بلاتا اور چمکا دینے والا آفتاب۔"

اور سورۃ الفتح میں ارشاد باری تعالیٰ ہے:

ھُوَالَّذِیْۤ اَرْسَلَ رَسُوْلَہٗ بِالْھُدٰی وَدِیْنِ الْحَقِّ (الفتح:۲۸)

ترجمہ: "وہی ہے جس نے اپنے رسول کو ہدایت اور سچے دین کے ساتھ بھیجا۔"

مولوی اشرف علی تھانوی کے مندرجہ بالا آیت کے ترجمے سے ظاہر ہوتا ہے کہ

ان کے دین مذہب میں نبی کی کوئی خاص اہمیت نہیں ہے اور اتنا بڑا الزام لگانے سے بھی نہیں چونکتے کہ نبی (معاذ اللہ) شریعت ہی سے بے خبر تھا اور یہ خیال نہ کیا کہ نبی ایک لمحہ بھی اگر اللہ سے غافل ہو جائے تو وہ منصبِ نبوت کا اہل نہیں رہتا جبکہ ہر نبی پیدائشی نبی ہوتا ہے۔ حقیقت میں مولوی اشرف علی نے آیت کے سیاق و سباق ہی کو نہ دیکھا اور نہ سمجھا اگر چند تفاسیر ماثورہ دیکھ لیتے تو شاید ایسا ترجمہ کرنے کی جسارت نہ کرتے۔ تفاسیر کی روشنی میں اور نبوت کے منصب کو سامنے رکھتے ہوئے جو محتاط ترجمہ ہو سکتا ہے، اس کو مولانا احمد رضا نے یوں فرمایا ہے:

"اور تمہیں اپنی محبت میں خود رفتہ پایا تو اپنی طرف راہ دی۔" (کنز الایمان)

جگہ جگہ قرآن کریم میں نبی کا جو منصب اللہ نے بیان فرمایا ہے، مولوی اشرف علی تھانوی اس کو ترجمہ میں ڈھالتے وقت بدل ڈالتے ہیں۔ مثلاً مندرجہ ذیل آیت ملاحظہ کیجئے جس میں اللہ نے رسول اللہ صلی اللہ علیہ وسلم کو تمام عالمین کے لئے مطلق رحمت بنانے کا اعلان فرمایا مگر مولوی اشرف علی تھانوی اپنے قلمی اختیارات کو استعمال کرتے ہوئے روحِ قرآن کے برخلاف ترجمہ کرتے ہیں، ملاحظہ کیجئے:

وَمَآ اَرۡسَلۡنٰکَ اِلَّا رَحۡمَةً لِّلۡعٰلَمِیۡنَ۔ (الانبیاء:۱۰۷)

ترجمہ: "اور ہم نے (اپنے مضامین نافع دے کر) آپ کو کسی بات کے واسطے نہیں بھیجا مگر دنیا جہاں کے لوگوں (مکلفین) پر مہربانی کے لئے۔" (مولوی اشرف علی)

اور صحیح ترجمہ ملاحظہ کیجئے:

"اور ہم نے تمہیں نہ بھیجا مگر رحمت سارے جہان کے لئے۔" (ترجمہ کنز الایمان)

۶۔ مولوی محمود الحسن دیوبندی کا ترجمہ قرآن

ا) اَمۡ حَسِبۡتُمۡ اَنۡ تَدۡخُلُوا الۡجَنَّةَ وَلَمَّا یَعۡلَمِ اللّٰهُ الَّذِیۡنَ جٰهَدُوۡا مِنۡكُمۡ وَیَعۡلَمَ الصّٰبِرِیۡنَ (آل

عمران: ۱۴۲)

ترجمہ: "اور ابھی تک معلوم نہیں کیا اللہ نے جو لڑنے والے ہیں تم میں اور معلوم نہیں کیا ثابت قدم رہنے والوں کو۔" (محمود الحسن)

اس ترجمہ کو پڑھنے کے بعد ایک انسان اپنا عقیدہ یہ بنائے گا کہ اللہ تعالیٰ کا علم بھی (معاذ اللہ) ناقص ہے کہ اس کو ہر آن، ہر بات کا علم نہیں، اس کو مستقبل کے معاملات کا علم نہیں، اس کو انسانوں کے ارادوں کا علم نہیں وغیرہ وغیرہ۔ اور مترجم نے شاید پورے قرآن کا مطالعہ بھی نہیں کیا جس میں خود باری تعالیٰ کے علم کا ذکر متعدد آیات میں موجود ہے مثلاً وہ "علام الغیوب" ہے، "اعلم الغیب والشاہدہ" ہے، "وللہ غیب السموت والارض" وغیرہ وغیرہ۔

یہ بات عقل سے بالاتر ہے کہ ایک عالم جو باقاعدہ دارالعلوم سے فارغ التحصیل ہے، عربی زبان و ادب کا سمجھنے والا ہے، درس و تدریس سے اس کا تعلق ہے، وہ اللہ تعالیٰ کے علم سے متعلق ایسا جملہ لکھ دیتا ہے کہ جس سے خالق اور بندہ کا علم برابر محسوس ہوتا ہے (معاذ اللہ)۔ لگتا یہی ہے کہ مترجم نہ تو عربی زبان کی وسعت سے بھرپور واقف اور نہ ہی وہ لفظ "حسب" کے معنی سے واقف ہو سکا۔ آیئے مولانا احمد رضا بریلوی کے ترجمہ کو ملاحظہ کریں جس میں عظمتِ خداوندی اور علمِ قدرت کا حسین امتزاج پایا جاتا ہے:

"کیا اس گمان میں ہو کہ جنت میں چلے جاؤ گے اور ابھی اللہ نے تمہارے غازیوں کا امتحان نہ لیا اور نہ صبر والوں کی آزمائش کی۔" (کنز الایمان)

۲) اِنَّا فَتَحۡنَا لَکَ فَتۡحًا مُّبِیۡنًا۔ لِّیَغۡفِرَ لَکَ اللّٰہُ مَا تَقَدَّمَ مِنۡ ذَنۡۢبِکَ وَمَا تَاَخَّرَ وَیُتِمَّ نِعۡمَتَہٗ عَلَیۡکَ وَیَہۡدِیَکَ صِرَاطًا مُّسۡتَقِیۡمًا۔ (الفتح: ۲)

ترجمہ: "ہم نے فیصلہ کر دیا تیرے واسطے صریح فیصلہ۔ تاکہ معاف کرے تجھ کو

اللہ جو آگے ہو چکے تیرے گناہ اور جو پیچھے رہے۔"

قارئین کرام! سورہ فتح کی اس آیت کریمہ میں اللہ تعالیٰ صلح حدیبیہ سے واپسی پر حضور صلی اللہ علیہ وسلم کو فتحِ مکہ کی بشارت دے رہا ہے کہ جلد ہی مکہ فتح ہو جائے گا مگر مترجم قرآن مولوی محمود الحسن دیوبندی نے اس آیت کے ترجمہ کا رخ ہی بدل دیا کہ اللہ نے یہ فیصلہ کر لیا ہے کہ وہ آپ کے اگلے پچھلے گناہوں کو معاف کر دے گا۔ اس ترجمہ سے کسی کو بھی فتحِ مکہ کی نشاندہی نہ ہوگی مگر نبی کے گناہوں کی معافی کا اعلان اس کا عقیدہ بن جائے گا جو عقیدہ عصمتِ نبوت کے خلاف ہے۔ کیا یہ بات نبی کے لئے معیوب نہ ہو گی کہ امتیوں کے سامنے اللہ تعالیٰ اس کے گناہوں کی نہ صرف نشاندہی کرے بلکہ اس کے مستقبل میں ہونے والے گناہوں کا بھی ذکر کرے اور پھر معافی کا اعلان کر دے۔ کیا ترجمہ سے نبی کی امت کے سامنے توہین نہ ہوئی جب کہ وہ خود ستار ہے، عیبوں کو چھپانے والا ہے، پھر کیسے ممکن ہے کہ وہ امتیوں کے سامنے اپنے نبی کے عیبوں کو، گناہوں کو ظاہر کرے اور پھر معافی کا اعلان کرے۔ یہ بات امت کے لئے تو فخر کی ہو سکتی ہے کہ اللہ تعالیٰ نبی کی دعا آپ کی امت کے حق میں قبول کرتے ہوئے ان کے اگلے اور پچھلے گناہوں کو معاف کر دے اور یقیناً یہ صریح فیصلہ امت کے لئے بہت بڑی کامیابی اور نبی کے لئے بہت خوشی کا باعث ہو گا۔ ملاحظہ کریں وہ ترجمہ جو منشاءِ الٰہی سے قریب تر ہے۔

"بے شک ہم نے تمہارے لئے روشن فتح دی۔ تاکہ اللہ تمہارے سبب سے گناہ بخشے تمہارے اگلوں اور تمہارے پچھلوں کے۔" (کنز الایمان)

نوٹ: "سورۃ فتح کی اس آیت میں "ذنب" کے موضوع پر کئی محقق نے مقالات تحریر کئے ہیں جس میں ثابت کیا ہے کہ یہاں ذنب نبی کی طرف منسوب نہیں ہے بلکہ نبی کی خاطر اللہ نے آپ کے اگلے پچھلے امتیوں کی گناہ کی معافی کا اعلان کیا۔ اس موضوع پر

ایک انتہائی مدلل تصنیف مولانا محمد شاہ حسین گردیزی مدظلہ کی ملاحظہ کی جاسکتی ہے۔"

۷۔ ابوالکلام آزاد کا ترجمہ قرآن

ا) وَلَقَدۡ اَرۡسَلۡنَا رُسُلاً مِّنۡ قَبۡلِکَ وَجَعَلۡنَا لَهُمۡ اَزۡوَاجاً وَّذُرِّیَّۃً ؕ (سورۃ الرعد:۳۸)

ترجمہ: "اور یہ واقعہ ہے کہ ہم نے تجھ سے پہلے بھی (بے شمار) پیغمبر قوموں میں پیدا کئے (اور وہ تیری ہی طرح انسان تھے) ہم نے انہیں بیویاں دی تھیں اور اولاد بھی۔" (ابوالکلام آزاد)

آیت کے اندر ایسے کوئی کلمات ہی نہیں جن سے یہ معنی نکلیں (اور وہ تیری ہی طرح انسان تھے)۔ یہ دراصل مترجم کی طرف سے اضافہ ہے۔ جب یہاں کوئی مماثلت کی بات ہی نہیں کی جارہی تو اردو ترجمہ پڑھنے والوں کو کیوں غلط راہ دکھائی جارہی ہے۔ مترجم کو شاید نبی کریم صلی اللہ علیہ وسلم کی ذات اور منصب سے لگاؤ نہیں، اس لئے پڑھنے والوں کو یہ سمجھا رہے ہیں کہ رسول کا نام آتے ہی یہ خیال مت کرنا کہ وہ کوئی غیر معمولی صلاحیتوں کے مالک ہیں بلکہ ان کو اپنا جیسا ہی انسان سمجھنا جب کہ یہ منظر کشی قرآن کے خلاف ہے۔ نبوت و رسالت جن انسانوں کے لئے اللہ نے منتخب فرمائی، وہ دیکھنے میں ضرور ہماری طرح کے انسان ہیں لیکن ان کے ساتھ مماثلت ممکن ہی نہیں کہ قرآن مجید کا ارشاد ہے:

مَاکَانَ لِبَشَرٍ اَنۡ یُّؤۡتِیَهُ اللّٰهُ الۡکِتٰبَ وَالۡحُکۡمَ وَالنُّبُوَّۃَ۔۔۔ (ال عمران:۷۹)

"کسی آدمی کا یہ حق نہیں کہ اللہ اُسے کتاب اور حکم اور پیغمبری دے۔" (کنز الایمان)

امام احمد رضا کا ترجمہ سورۂ رعد کی مندرجہ بالا آیت سے متعلق ملاحظہ کیجئے:

"اور بے شک ہم نے تم سے پہلے رسول بھیجے اور ان کے لئے بیبیاں اور بچے کئے۔"

جن کو اللہ نے پیغمبری دی، پھر وہ ہماری طرح کے انسان نہ رہے کہ اللہ کے ساتھ انبیاء کا بلاواسطہ رابطہ ہوتا ہے اور ہم انسان نہ اس کو دیکھ سکتے ہیں، نہ سن سکتے ہیں اور نہ ہی بلاواسطہ اس کو پہچان سکتے ہیں، سوائے نبی کے واسطے کے۔ اس لئے انبیاء کی انسانیت ہم سے بلند و بالا اور عقل سے ورا ہے۔

۲) لَعَمۡرُكَ اِنَّهُمۡ لَفِیۡ سَكۡرَتِهِمۡ یَعۡمَهُوۡنَ۔ (الحجر: ۷۲)

ترجمہ: "(تب فرشتوں نے لوط سے کہا) تمہاری زندگی کی قسم! یہ لوگ اپنی بدمستیوں میں کھو گئے۔" (مولانا آزاد)

یہاں مترجم کے ترجمے کے مطابق فرشتے، حضرت لوط علیہ السلام کی زندگی کی قسم کھا رہے ہیں۔ یہ معنویت نہایت غیر موزوں کہ فرشتوں کو کیا ضرورت کہ نبی کی زندگی کی قسم کھائیں؟ اگر قسم یہاں اٹھائی بھی گئی ہے تو اللہ تعالیٰ اپنے نبی سے مخاطب ہے۔ تفسیر فتح القدیر کے حوالے سے گفتگو کر رہا ہوں کہ اکثر مفسرین نے یہاں اللہ تعالیٰ کی طرف سے حضرت محمد صلی اللہ علیہ وسلم کی حیات کی قسم مراد لی جس طرح اللہ نے آپ کے اور اعضاء اور اداؤں کی قسم اٹھائی۔ اسی طرح یہاں آپ کی حیات کی قسم اٹھا کر فرمایا اور یاد دلایا کہ قومِ لوط بدمستیوں میں کھو گئے۔ ملاحظہ کیجئے شوکانی کی عبارت:

اتفق اہل التفسیر فی ہذا انہ قسم من اللہ جل جلالہ بمدۃ حیات محمد صلی اللہ علیہ وسلم۔

اب ملاحظہ کریں امام احمد رضا کا ترجمہ:

"(اے محبوب!) تمہاری جان کی قسم بے شک وہ اپنے نشہ میں بھٹک رہے ہیں۔" (کنز الایمان)

۸۔ ابو الاعلیٰ مودودی کا ترجمہ قرآن

۱) وَیَمۡكُرُوۡنَ وَیَمۡكُرُ اللّٰهُ وَاللّٰهُ خَیۡرُ الۡمٰكِرِیۡنَ۔ (الانفال: ۳۰)

ترجمہ: "وہ اپنی چالیں چل رہے تھے اور اللہ اپنی چال چل رہا تھا اور اللہ سب سے بہتر چال چلنے والا ہے۔" (مودودی)

قارئین کرام! لفظ مکر کے عربی میں متعدد معنی ہیں، مثلاً چال چلنا، داؤ مارنا، دھوکا دینا، فریب دینا، تدبیر کرنا، خفیہ تدبیر کرنا، وغیرہ وغیرہ۔ مترجم نے یہاں "اللہ" کو (معاذ اللہ) عام لوگوں کے برابر لا کر کھڑا کر دیا ہے کہ جس طرح ایک عام انسان دوسرے انسان کو دھوکا دیتا ہے، یا اس کے ساتھ مکر و فریب کرتا ہے یا دھوکے کی چالیں چلتا ہے، اللہ تعالیٰ بھی اس طرح بندوں کے ساتھ عمل فرما رہا ہے۔ یہ مترجم کی بہت بڑی غلطی ہے کہ وہ اللہ کے لئے بھی وہی الفاظ استعمال کرے جو عام انسانوں کے لئے استعمال ہوتے ہیں۔ دراصل صفت مشاکلت کو یہاں مترجم نے سمجھا ہی نہیں کہ عربی میں یہ قاعدہ ہے کہ جواباً بھی وہی الفاظ استعمال کئے جاتے ہیں لیکن اس کے معنی دوسرے سمجھے جاتے ہیں اور یہ عربی جاننے والا عربی عبارت کو ویسے ہی سمجھ لے گا مگر جب اس کا اردو ترجمہ کیا جا رہا ہو تو ضروری ہے کہ اردو ادب و لغت کے لحاظ سے ترجمہ کیا جائے تا کہ اللہ تعالیٰ کی شان و عظمت متاثر نہ ہو۔ صحیح ترجمہ ملاحظہ کریں:

"اور وہ اپنا سا مکر کرتے تھے اور اللہ اپنی خفیہ تدبیر فرماتا تھا اور اللہ تعالیٰ کی خفیہ تدبیر سب سے بہتر۔" (کنز الایمان)

۲) اِنَّ اللّٰہَ وَمَلٰٓئِکَتَہٗ یُصَلُّوْنَ عَلَی النَّبِیِّ یٰٓاَیُّہَا الَّذِیْنَ اٰمَنُوْا صَلُّوْا عَلَیْہِ وَسَلِّمُوْا تَسْلِیْمًا۔ (الاحزاب:۵٦)

ترجمہ: "اللہ اور اس کے ملائکہ نبی پر درود بھیجتے ہیں، اے لوگو جو ایمان لائے ہو، تم بھی ان پر درود اور سلام بھیجو (یعنی تم ان کے حق میں کامل سلامتی کی دعا کرو اور پوری طرح دل و جان سے ان کا ساتھ دو ان کی مخالفت سے پرہیز کرو)۔" (مودودی)

مترجم نے قوسین میں جو وضاحت کی ہے وہ تو اصل عبارت کے حکم سے بالکل مختلف ہے۔ حکم تو اللہ نے یہاں کثرت سے درود و سلام پڑھنے کا دیا ہے کہ نہ جس میں وقت کی قید ہے، نہ صیغے کی کوئی نشاندہی، نہ ہی طریقہ کار کا تعین، نہ ہیئت کی پابندی ہے نہ اوقات کی پابندی، نہ کوئی گنتی کی بات۔ صرف مطلق حکم درود و سلام پڑھنے کا ہے، اس میں کوئی جتنا پڑھنا چاہے، جس وقت پڑھنا چاہے جس جگہ چاہے، جس طرح پڑھنا چاہے، اس کو اجازت ہے۔ جبکہ مترجم اصل مفہوم سے لوگوں کی توجہ ہٹاتے ہوئے ایک قسم کے جہاد کی باتیں کر رہے ہیں کہ دل و جان سے ان کا ساتھ دو، ان کی مخالفت نہ کرو اور ان کی سلامتی کی دعائیں کرو۔ یہ حکم بجاہیں لیکن اس آیت کے حوالے سے نہیں، آیت تو حکم دے رہی ہے کہ ایک مومن کو چاہیئے ہر آن وہ نبی کریم صلی اللہ علیہ وسلم پر دل و زبان سے درود و سلام کو جاری رکھے کہ یہ اس کے لئے سب بڑا آخرت کا سرمایہ ہے۔
مترجم نے ترجمہ میں یہ ضرور لکھا ہے کہ ان پر درود و سلام بھیجو لیکن مترجم کی کسی بھی دوسری تصنیف و تالیف میں کہیں بھی درود و سلام پڑھنے کی ترغیب لکھی ہوئی نظر نہیں آتی، اور نہ کبھی ان کو سلام پڑھتے ہوئے کسی نے دیکھا، جب کہ مولانا احمد رضا بریلوی نے جب اس کا ترجمہ کیا "ان پر درود اور خوب سلام بھیجو" تو انہوں نے قصیدۂ سلامیہ لکھا خود پھر ذوق و شوق سے پڑھ کر سنایا:

"مصطفیٰ جانِ رحمت پہ لاکھوں سلام"

قصیدہ سلامیہ کا یہ مصرعہ سو سال سے ہر مسلمان کی زبان پر جاری ہے اور لکھنے والے کی نیت کو اللہ نے جانچ لیا اور دنیا ہی میں اس کو اتنا اجر دیا کہ کروڑوں مسلمان روزانہ یہ مصرع پڑھتے ہیں اور انہوں نے درود کے لئے بھی ایک قصیدہ درودیہ تحریر کیا جس کا پہلا شعر یہ ہے:

کعبہ کے بدر الدجیٰ، تم پہ کروڑوں درود

طیبہ کے شمس الضحیٰ، تم پہ کروڑوں درود

۹۔ امام احمد رضا خاں قادری محدث بریلوی کا ترجمہ قرآن

ا) بِسۡمِ اللّٰہِ الرَّحۡمٰنِ الرَّحِیۡمِ۔

ترجمہ: "اللہ کے نام سے شروع جو بہت مہربان رحمت والا۔" (کنز الایمان)

سوائے امام احمد رضا کے، بقیہ ۸ مترجمین نے اسم اللہ سے ترجمہ نہ کیا بلکہ سب نے لفظ "شروع" سے ترجمہ کیا اور اسم "اللہ کو مضاف کے بعد رکھا ہے جبکہ اردو قواعد کے مطابق اسم "اللہ" جو مضاف الیہ ہے، پہلے آنا چاہئے۔ اس لحاظ سے امام احمد رضا کا ترجمہ بالکل درست قرار پاتا ہے۔

ترجمہ کنز الایمان میں جامعیت کے اعتبار سے مندرجہ ذیل آیت کا ترجمہ ملاحظہ کریں جس کی جامعیت کو کوئی مترجم بیان نہ کر سکا اور ان آیات کا تعلق مختلف علوم وفنون سے ہے جن کی ترجمانی امام احمد رضا اس علم کی اصطلاح سے کرتے ہیں جبکہ اور کوئی مترجم ان علوم کی اصطلاح بھی استعمال نہ کر سکا کیونکہ وہ ان علوم سے واقف ہی نہ تھے۔

یٰمَعۡشَرَ الۡجِنِّ وَالۡاِنۡسِ اِنِ اسۡتَطَعۡتُمۡ اَنۡ تَنۡفُذُوۡا مِنۡ اَقۡطَارِ السَّمٰوٰتِ وَالۡاَرۡضِ فَانۡفُذُوۡا ؕ لَا تَنۡفُذُوۡنَ اِلَّا بِسُلۡطٰنٍ۔ (الرحمن:۳۳)

ترجمہ: "اے جن وانس کے گروہ! اگر تم سے ہو سکے آسمانوں اور زمین کے کناروں سے نکل جاؤ تو نکل جاؤ۔ جہاں نکل کر جاؤ گے، اسی کی سلطنت ہے۔"

قرآن کریم کی یہ آیتِ شریفہ سائنس اور حکمت کے بہت اہم نکتہ کی طرف اشارہ کر رہی ہے۔ اس آیت میں لفظ "سلطن" کے ترجمے میں اکثر مترجمین کے یہاں ابہام پایا جاتا ہے اور لفظ "سلطن" کی جامعیت کو کوئی بھی مترجم صحیح ترجمہ نہیں کر سکا۔ اس کی وجہ

بنیادی یہ ہے کہ آیت میں علم ہیئت سے متعلق گفتگو ہے کہ تم کوشش کرو اور زمین سے باہر جانے کی کوشش کرو، کرتے رہو، باہر نکل بھی جاؤ گے، آسمانوں پر اڑ و گے، چاند تک اور اس سے آگے بھی نکل جاؤ گے مگر یاد رکھنا کہ ہر جگہ سلطنت، بادشاہت، حکمرانیت اسی ایک اللہ کی ہے کہ امام احمد رضا ترجمہ کرتے ہیں کہ "جہاں نکل کر جاؤ گے، اسی کی سلطنت ہے۔" جبکہ بقیہ تراجم ملاحظہ کریں:

☆ "نہیں بھاگ سکتے اس کے لئے بڑا زور چاہئے۔"(سید مودودی)

☆ "اور زور کے سوا تم نکل سکتے ہی نہیں۔"(مولوی فتح جالندھری)

☆ "مگر بدون زور کے نہیں نکل سکتے (اور زور ہے نہیں)۔"(مولوی اشرف علی تھانوی)

قارئین کرام! غور کریں کہ یہ تینوں تراجم انسان کو زمین کے کناروں سے نکلنے کی نفی کر رہے ہیں جبکہ انسان زمین کے کناروں سے نکل چکا ہے اور آپ جب بھی ہوائی جہاز کا سفر شروع کرتے ہیں، زمین کے کناروں کو خدا حافظ کہہ دیتے ہیں، انسان کے بنائے ہوئے راکٹ اور سیارے چاند اور مریخ پر پہنچ رہے ہیں، تو کیا قرآن مجید کے خلاف یہ عمل ہوا؟ نہیں، قرآن کریم تو ارشاد فرما رہا ہے کہ نکل سکو تو نکل جاؤ، جہاں بھی نکل کر جاؤ گے، اسی رب کی سلطنت ہے۔"امام احمد رضا کے ترجمے کو پڑھ کر یہ احساس ہوتا ہے کہ امام موصوف دینی معلومات کے ساتھ ساتھ عقلی اور سائنسی پہلوؤں کو بھی ترجمہ کرتے وقت اپنے پیشِ نظر رکھتے ہیں جس کے باعث سائنسی شعور رکھنے والا اس بات کا قرار کرتا ہے کہ ہر علم قرآن میں موجود ہے یا قرآن ہر علم کے متعلق نشاندہی کرتا ہے۔

قارئین کرام! علمِ ارضیات کے ایک قانون Plate-Tectonic کے تحت تمام براعظم نیچے موجود سیال کے اوپر بہت آہستہ آہستہ حرکت کر رہے ہیں جس کے باعث

براعظم ادھر سے ادھر حرکت کرتے ہیں جس کے باعث بعض جگہ زمین پھیلتی جاتی ہے، بعض جگہ سکڑتی جاتی ہے۔ قدرت نے اس عمل کو سورۃ النزعت میں مختصراً بیان کیا:

وَالْاَرْضَ بَعْدَ ذٰلِکَ دَحٰہَا (النزعات:۳۰)

ترجمہ: "اور اس کے بعد زمین پھیلائی۔"

اس آیت میں "دَحٰہَا" کے لفظ کو جب تک نہیں سمجھا جائے گا کوئی مترجم اس کا صحیح ترجمہ نہیں کر سکتا۔ امام احمد رضا کو اللہ نے چونکہ بے شمار علوم و فنون میں مہارت اور دسترس عطا کی تھی، وہ قدرت کے اس عمل کو جان گئے کہ ہر براعظم کسی نہ کسی جگہ اوپر اٹھ رہا ہے یا پانی سے باہر آرہا ہے۔ جس طریقے سے کراچی کے ساحل کا رقبہ برابر بڑھ رہا ہے کہ سمندر پیچھے جا رہا ہے، زمین اٹھ رہی ہے، اس سارے عمل کے باعث زمین پھیلتی ہے اور لفظ "دَحٰہَا" اس عمل کی نشاندہی کر رہا ہے جس کے باعث زمین پھیلتی ہے جس کو صرف امام احمد رضا نے سمجھا جبکہ اور مترجمین کیونکہ اس علمِ ارضیات سے واقفیت نہیں رکھتے تھے۔ اس لئے وہ اس کی معنویت اور گہرائی کو نہیں پہنچ سکے اور وہ آیت کی صحیح سائنٹفک ترجمانی بھی نہ کر سکے۔ مثلاً بقیہ مترجمینِ قرآن کے تراجم ملاحظہ کریں:

☆ "اور اس کے بعد زمین کو اس نے بچھایا۔" (مولانا مودودی)

☆ "اور اس کے علاوہ زمین کو بچھایا۔" (ڈپٹی نذیر احمد دہلوی)

☆ "اور زمین کو پیچھے اس کے بچھایا۔" (مولوی اشرف علی)

☆ "اور جس نے زمین کو بچھایا۔" (وحید الزمان)

قارئین کرام! قرآن مجید کی آخری سورتیں اور ان کی آیات میں ایک عجیب صوتی حسن اور سلاست، ترنم پایا جاتا ہے جس طرح شاعری میں ردیف اور قافیہ غزل کا اہم ترین جزو ہوتے ہیں جن کے باعث غزل میں جو بات بیان کی جارہی ہوتی ہے، اس سے

سامعین بہت محظوظ ہوتے ہیں، اسی طرح آپ قرآن مجید کا صوتی حسن ملاحظہ کریں:

وَالنّٰزِعٰتِ غَرْقًا۔ وَالنّٰشِطٰتِ نَشْطًا۔ وَالسّٰبِحٰتِ سَبْحًا۔ فَالسّٰبِقٰتِ سَبْقًا۔

(سورۃ النازعات: ۱ تا ۴)

امام احمد رضا نے ترجمہ کے اندر اس صوتی حسن اور سلاست کو بھی قائم رکھا ہے:

ترجمہ: "قسم ان کی سختی سے جان کھینچیں۔ اور نرمی سے بند کھولیں۔ اور آسانی سے پیریں۔ پھر آگے بڑھ کر جلد پہنچیں۔"

اسی طرح سورۃ البلد کی آیات ملاحظہ کریں:

أَلَمْ نَجْعَل لَّهُ عَيْنَيْنِ۔ وَلِسَانًا وَّشَفَتَيْنِ۔ وَهَدَيْنَاهُ النَّجْدَيْنِ۔ (البلد: ۸ تا ۱۰)

ترجمہ: "کیا ہم نے اس کی دو آنکھیں نہ بنائیں۔ اور زبان اور دو ہونٹ۔ اور اسے دو ابھری چیزوں کی راہ بتائی۔" (کنزالایمان)

اب ملاحظہ کریں مولوی اشرف علی اور محمود الحسن دیوبندی کے تراجم، سورۃ البلد کے حوالے سے:

☆ "کیا ہم نے اس کو دو آنکھیں۔ اور زبان اور دو ہونٹ نہیں دیئے۔ اور (پھر) ہم نے ان کو دونوں دونوں رستے (خیر وشر کے) بتلا دیئے۔" (مولوی اشرف علی تھانوی)

☆ "بھلا ہم نے نہیں دیں اس کو دو آنکھیں۔ اور زبان اور دو ہونٹ۔ اور دکھلا دیں اس کو دو گھاٹیاں۔" (مولوی محمود الحسن دیوبندی)

قارئین کرام! یہ دونوں مترجم لفظ "نجد" کے معنی کو نہیں پا سکے جس کے باعث ترجمہ بھی غلط کر دیا اور سورۃ البلد کے استفہام کی لذت بھی مسخ ہو گئی۔ مولوی اشرف علی نے "نجد" کے معنی خیر وشر کے رستے بتا دیئے جبکہ مولوی محمود الحسن دیوبندی نے "النجد" کے معنی دو گھاٹیاں (وادیاں) بتا دیں۔ آپ آیات دوبارہ پڑھیں کہ یہ آیات

انسان کے کس وقت کی نشاندہی کر رہی ہیں اور نجد کے اصل معنی کیا ہیں۔ آیات بتا رہی ہیں کہ اس کو اللہ نے دو آنکھیں دیں، ایک زبان اور دو ہونٹ، اگلی آیت میں راہ کا تعین ہے اور وہ ہے دو ابھری ہوئی جگہیں۔ یہ اصل میں اشارہ ہے اس گود کے بچے کی طرف کہ جب وہ اپنے ان دو ہونٹوں سے ماں کے سینے پر دو ابھری جگہوں میں اپنی غذا کی راہ پاتا ہے۔ ماں کا یہ پستان گھاٹیاں نہیں ہیں اور نہ ہی خیر و شر کے دو راستے بلکہ یہ اس کے سینے پر دو ابھری چیزیں ہیں جس کو ہم پستان کہتے ہیں اور عربی میں لفظ "نجد" کے معنی ہی ہیں بلند جگہ کے ہیں اور عربی میں Plateau یعنی ابھری ہوئی زمین کو نجد کہتے ہیں۔ اب آپ سمجھ سکتے ہیں کہ امام احمد رضا ترجمہ کرتے وقت ایک ایک بات کا خیال رکھتے ہیں اور یہاں لفظ پستان بھی نہیں لائے بلکہ دو ابھری چیزوں کے ساتھ ترجمہ کر کے فصاحت و بلاغت کو بھی قائم رکھا اور شرم و حیا کا بھی پاس رکھا اور حسن سلاست بھی قائم ہے جبکہ دیگر مترجمین "نجد" کی اصطلاح کی گہرائی تک ہی نہ پہنچ سکے۔

امام احمد رضا قادری محدث بریلوی کا ترجمہ قرآن "کنز الایمان فی ترجمۃ القرآن" اردو زبان میں سب سے بہتر اور مستند قرار دیا جا سکتا ہے کیونکہ آپ نے ہر آیت کا ترجمہ بہت احتیاط کے ساتھ کیا ہے کہ جب کہ اور مترجمین کے قلم سے لغزشیں بھی ہوئی ہیں مگر آپ کا ترجمہ ہر قسم کی اغلاط اور لغزشوں سے پاک ہے۔ دوسری اہم ترین بات یہ ہے کہ آپ نے آیت کے موضوع کے لحاظ سے ترجمہ میں اصطلاح استعمال کی ہے تا کہ اس علم کا جاننے والا ترجمہ کے ذریعہ اس علم کی گہرائی اور گیرائی تک رسائی حاصل کر سکے اور جان سکے کہ اللہ تعالیٰ نے تمام علوم و فنون کے اصول و ضوابط کا قرآن میں ذکر کیا ہے۔ تیسرے یہ کہ آپ نے بوقت ضرورت محاورات کا استعمال کیا ہے، غیر ضروری محاورات کا اور غیر ضروری توضیحی ترجمہ سے بھی پرہیز کیا ہے اور کوشش کی ہے کہ ترجمہ با محاورہ

بھی قائم رہے اور قارئین اس آیت کی منشائے الٰہی کو بھی پا سکیں جو ترجمہ کا اصل مقصد ہے۔ آخر میں ڈاکٹر صالحہ عبد الحکیم شرف الدین کے پی۔ ایچ۔ ڈی کے مقالے "قرآن حکیم کے اردو تراجم" سے ایک اقتباس پیش کر رہا ہو جو انہوں نے امام احمد رضا کے ترجمہ سے متعلق لکھا ہے۔ ملاحظہ کیجئے:

"امام احمد رضا قرآن میں غیر معمولی بصیرت رکھتے تھے۔ امام احمد رضا کا شمار عالم، اسلامی کے ان خواص علماء میں ہوتا ہے جن کی قامت پر "رسوخ فی العلم" کی قبا راست آتی ہے۔ قرآن کریم سے ان کو غیر معمولی شغف تھا، انہوں نے اللہ کے کلام میں برسوں تدبر کیا۔ اسی مسلسل تدبیر و فکر کا نتیجہ تھا کہ امام احمد رضا کو قرآن پاک سے خاص نسبت ہو گئی اور ان کا ترجمہ قرآن ان کے برسوں کے فکر و تدبر کا نچوڑ ہے۔"

***

منتخب تاریخی اسلامی شخصیات پر سوانحی مضامین

اجالے ماضی کے

مصنف : ڈاکٹر ابو طالب انصاری

بین الاقوامی ایڈیشن منظر عام پر آ چکا ہے